百味人生 3

BAIWEI RENSHENG

主编 刘颖异

上海教育出版社
SHANGHAI EDUCATIONAL
PUBLISHING HOUSE

亲爱的同学，当你打开这本书时，你就开启了一段惬意的旅程。从相遇、相知，到相伴前行，淡淡的书香将一直萦绕在你身边。

在初中语文教材里，你会读到许多名篇佳作，你将会沉浸在充满智慧、有温度的文字世界中，语文素养自然会得到提升。面对神秘奇幻的自然、日新月异的世界、渐趋丰盈的人生，每册教材中的二十几篇课文，恐怕很难再满足你的阅读需求，你的阅读理应更广泛、更自由、更专业。如何让课内外读物有机融合成滋养你成长的沃土？如何让点滴的阅读收获汇聚成助推你遨游书海的动力？我们汇聚全国各地的名师，在研读教材的基础上精选文章，设计帮你实现高效阅读、自主学习的平台和支架……

于是，便有了摆在你面前的这本书。

这本书分为经典诵读、单元学习、整本书阅读三个板块。

第一个板块是“经典诵读”，所选古诗词历久弥新。针对诗词中可能会给你造成阅读障碍的生字难词，我们加注了读音和注释，且辅以专业诵读音频供你赏听以及鉴赏资料供你查阅。希望你能利用每天的晨读或其他课余时间反复诵读，持之以恒，假以时日，定能厚积薄发。

第二个板块是“单元学习”，我们精心挑选了一组与课文主题相关的文章，组合成一个阅读单元，让你在学习课文的基础上拓展阅读更多佳作；针对教材中的每个写作主题，我们也选取了相应的文章（含片段）组成单元，为你的写作指引方向或触发灵感。其中“范文阅读”“组文阅读”“自由阅读”和“类文阅读”四个小标签可提示你采用不同的方式进行阅读。选文之外还附有单元导语、旁批、学习提示、单元学习任务等助读工具，为你的自主阅读提供助力。

带有“范文阅读”标签的文章最贴近教读课文的学习要点，你可以在学过教读课文后，参看这些范文中的旁批和文后的学习提示进行阅读，习得课内所学。

带有“组文阅读”标签的文章都与教读课文主题相关，帮助你在多篇文章的比较阅读中拓宽视野、发展思维、形成能力。阅读时，你可以参看文后的单元学习任务，运用阅读所得解决实际问题，提升语言文字的实际运用能力。

带有“自由阅读”标签的文章与自读课文相关联，你可以根据自己的需要、兴趣自主选择阅读，多读、少读、深读、浅读皆可，如能养成边读边做批注的习惯，你会邂逅更多精彩与惊喜。

带有“类文阅读”标签的是一组与单元写作要求相匹配的文章。这组文章的首篇附有旁批，配合单元写作重点为你的写作实践提供技巧点拨。

第三个板块是“整本书阅读”，推荐书目多为《义务教育语文课程标准（2011版）》中建议初中生阅读的名著。我们设计了“阅读导航”“精彩选篇”“阅读规划”“交流平台”等助读工具，若能激发你的阅读兴趣，为你提供科学的方法指导，助你养成主动阅读整本书的习惯，我们将由衷地感到欣慰。

愿这本书能陪伴着你在阅读的黄金时期，与经典交流，与大师对话，帮助你积累知识，开阔视野，丰富心灵，培育精神，做睿智、优雅的人！

顾之川

经典诵读

第一单元 童真之趣

范文阅读

组文阅读

第二单元　大爱之光

自由阅读

第三单元　圣贤之道

范文阅读

组文阅读

第四单元　抓住特点写人

类文阅读

整本书阅读

在经典中浸润，在诗海中徜徉，让心灵开始一次雅韵悠长的旅程。从《诗经》到宋词，从田园到边塞，从婉约到豪放，从现实主义到浪漫主义……那些作品，或率真质朴，或清幽缠绵，或慷慨刚健，或隽永蕴藉，寄托了中华儿女的家国情怀，传承着博大精深的中华文明。

有了诗词的濡染，我们的学习自当渐入佳境；有了经典的浸润，我们的生活定会异彩纷呈。

扫码收听朗诵音频

1. 大风歌

⊙〔汉〕刘邦

大风起兮[①]云飞扬，威[②]加[③]海内[④]兮归故乡，安得[⑤]猛士兮守四方[⑥]！

公元前195年，刘邦亲自领兵平定了淮南王英布的叛乱，班师途中，经过故乡沛县，这首诗作便是他在沛县招待亲朋好友的欢宴上即兴创作的。这首诗体现出刘邦当时的复杂感情。第一句“大风起兮云飞扬”，好像是在写天气或景象，其实暗指刘邦身经百战、败中取胜的艰苦创业过程。第二句“威加海内兮归故乡”，写出刘邦在家乡父老面前，无法掩饰内心的自豪与喜悦。第三句“安得猛士兮守四方”，写刘邦对未来的展望，体现了他的深谋远虑与雄才大略，也可以看出他在胜利后仍然保持着清醒的头脑。全诗充满着高迈慷慨的情调。

---

① 兮：文言助词，类似于现代汉语的“啊”或“呀”。

② 威：威望，权威。

③ 加：施加。

④ 海内：四海之内，即“天下”。古人认为天下是一片大陆，四周大海环绕，海外则荒不可知。

⑤ 安得：怎样得到。安，哪里，怎样。

⑥ 四方：指代国家。

扫码收听朗诵音频

2. 垓下歌

⊙〔秦〕项羽

力拔山兮气盖世，时不利兮骓[1]不逝[2]。
骓不逝兮可奈何[3]，虞[4]兮虞兮奈若何[5]！

赏析

《垓下歌》作于公元前202年项羽被刘邦围困在垓下（今安徽固镇东北、沱河南岸）时，表现了英雄末路无可奈何的悲痛与壮烈。项羽一生身经七十余战，战无不胜，攻无不克，可谓“力拔山兮气盖世”，然而现在却身陷重围，无计可施。面对自己的困境，项羽认为是“时不利”，认为是“天之亡我，非战之罪”。于是，只能对着宝马和爱姬发出深沉的悲叹。

京剧中有一出《霸王别姬》，写的是项羽被困垓下，饮酒悲歌的故事。这首《垓下歌》也被采入剧中，成为其中的重要唱段。由于《霸王别姬》非常流行，因而《垓下歌》也广为流传。

① 骓（zhuī）：项羽的坐骑。

② 逝：奔驰。

③ 奈何：怎么办。

④ 虞：虞姬。

⑤ 奈若何：你怎么办。

扫码收听朗诵音频

3. 与诸子登岘山

⊙〔唐〕孟浩然

人事有代谢①，往来成古今。
江山留胜迹，我辈复登临。
水落鱼梁②浅，天寒梦泽③深。
羊公碑④尚在，读罢泪沾襟。

赏析

此诗因作者求仕不遇、心情苦闷而作，诗人登临岘山，凭吊羊公碑，怀古伤今，抒发感慨，想到自己空有抱负，不觉分外悲伤，泪湿衣襟。全诗借古抒怀，融写景、抒情和说理于一炉，感情真挚深沉，平淡中见深远。

该诗前两联具有一定的哲理性。人间世事，变换交替，代代相传，才造就了古今。江山保留着寺庙和碑林，而今我们又重新登临。后两联既描绘了景物，富有形象，又饱含了作者的激情。全诗感叹生命之短促，表达怀才不遇之悲伤。同时，语言通俗易懂，感情真挚动人，以平淡深远见长。

---

① 代谢：变化，交替。

② 鱼梁：即鱼梁洲，在今湖北省襄阳市附近。

③ 梦泽：云梦泽，古大泽，在今江汉平原。

④ 羊公碑：又名堕泪碑，在岘山上。羊公，晋代名将羊祜。

扫码收听朗诵音频

4. 辛夷坞[①]

⊙〔唐〕王维

木末芙蓉花[②]，山中发红萼[③]。
涧户[④]寂无人，纷纷[⑤]开且落。

赏析

这首《辛夷坞》是王维田园组诗《辋川集》二十首中的第十八首。这首五绝犹如一幅精美的绘画小品，描绘了辛夷坞一带的风物，并借落花传达了惜时伤时，无人赏识而虚度年华的思想。“木末芙蓉花，山中发红萼”，当春天来临，辛夷在生命力的催动下，欣欣然地绽开神秘的蓓蕾，是那样灿烂，好似云蒸霞蔚，显示着一派春光。诗的后两句写花的“落”。诗人笔锋一转，将辛夷花置于一个山深人寂的环境之中，它自开自败，自满自足，无人欣赏，也不企求有人欣赏。短短四句诗，描绘了辛夷花的高贵品质，实质上也是诗人的自喻：既然不能实现抱负，那么就这样远离世俗地隐居下去。

---

① 辛夷坞（wù）：蓝田辋川（今陕西省蓝田县内）风景胜地，王维辋川别业（别墅）附近。坞，周围高而中央低的小块地方。

② 木末芙蓉花：即辛夷。辛夷，落叶乔木。其花初出时尖如笔椎，故又称木笔，因其初春开花，又名迎春花。花有紫、白二色，大如莲花。白色者名玉兰。紫者六瓣，瓣短阔，其色与形似莲花，莲花亦称芙蓉。辛夷花开在枝头，故以“木末芙蓉花”借指。

③ 萼（è）：花萼，花的组成部分之一，由若干片状物组成，包在花瓣外面，花开时托着花瓣。

④ 涧户：涧口，山溪口。

⑤ 纷纷：其他版本作“丝丝”。

扫码收听朗诵音频

5. 金陵[1]酒肆留别

⊙〔唐〕李白

风吹柳花满店香，吴姬[2]压酒劝客尝。
金陵子弟[3]来相送，欲行[4]不行[5]各尽觞[6]。
请君试问东流水，别意与之谁短长？

这首诗是作者即将离开金陵东游扬州时留赠友人的一首话别诗，篇幅虽短，却情意深长。此诗由写仲夏胜景引出逸香之酒店，铺就其乐融融的赠别场景；随即写吴姬以酒酬客，表现吴地人民的豪爽好客；最后在觥筹交错中，主客相辞的动人场景跃然纸上，别意长于流水般的感叹水到渠成。全诗流畅明快，自然天成，清新俊逸，情韵悠长，表现了李白与金陵友人的深厚友谊及其豪放性格；尤其结尾两句，兼用拟人、对比等手法，构思新颖奇特，有强烈的感染力。

---

① 金陵：今江苏省南京市。

② 吴姬：吴地的青年女子，这里指酒店中的侍女。

③ 子弟：青年人，年轻的人，指李白的朋友。

④ 欲行：将要走的人，指诗人自己。

⑤ 不行：送行的人，指金陵子弟。

⑥ 尽觞（shāng）：喝尽杯中的酒。觞，酒杯。

扫码收听朗诵音频

6. 逢雪宿芙蓉山[①]主人

⊙〔唐〕刘长卿

日暮苍山远，天寒白屋[②]贫。

柴门[③]闻犬吠，风雪夜归人。

赏析

这首五言诗从语言上看，平白如话，淡得出奇，短短二十个字所描写出的意境虽是人人都懂，却不是人人都能写得出来的。全诗写的是一位旅途中的游子，在天寒日暮之时冒着风雪寻找住宿终于如愿的情景。“日暮苍山远，天寒白屋贫”，展示的是旅人眼中的自然之景：空间很广阔，但给人一种寒冷萧瑟的感觉，暮霭和皑皑的白雪笼罩着一切，我们可以想象出旅人内心的焦急和无奈。“柴门闻犬吠，风雪夜归人”，空旷的远景变成了近景，能清楚地看见山脚茅屋的柴门，而一声狗吠带给行人的绝不是恐惧，而是惊喜！有狗就有人住，风雪之夜，疲惫的游人终于有了投宿之地。朴实的语言和质朴的内容的结合，组成了一幅色彩、情调均匀的充满生气的风雪夜归人全景图，带给读者强烈的艺术感染力和美的享受。

---

① 芙蓉山：以芙蓉为名的山很多，此诗所指不详，但从诗中气候来看，似应在北方。

② 白屋：茅草屋。

③ 柴门：用树条编扎的简陋的门。

扫码收听朗诵音频

7. 前出塞

⊙〔唐〕杜甫

挽弓当挽强，用箭当用长。
射人先射马，擒贼先擒王。
杀人亦有限①，列国自有疆②。
苟能制侵陵③，岂在多杀伤！

《前出塞》是写唐朝名将哥舒翰征伐吐蕃的事，意在讽刺唐玄宗的开边黩武，本诗原为第六首，是其中较有名的一篇。

诗的前四句，很像是当时军中流行的作战歌诀，颇富韵致，饶有理趣，深得议论要领。这四句以排句出之，如数家珍，宛若总结战斗经验。然而从整篇看，它还不是作品的主旨所在，而只是下文的衬笔。在后四句中，诗人慷慨陈词，直抒胸臆，强调必须从国家利益、人民愿望出发，可以强兵制止“侵陵”，而不应该穷兵黩武，侵犯异邦。在艺术构思上，作者采用先扬后抑的手法，先行辅笔，再行主笔。辅笔与主笔之间，转接自然，看似矛盾，实为辩证。

在唐人的作品中，以议论取胜的很少，而本诗却以此见称。它以立意高、正气宏、富哲理、有气势而博得好评。

---

① 亦有限：也应有个限度。

② 自有疆：本来应该有疆界。

③ 侵陵：侵犯，欺凌。

扫码收听朗诵音频

8. 琴　诗

⊙〔宋〕苏轼

若[1]言琴上有琴声，放在匣[2]中何不鸣？
若言声在指头上，何不于君指上听？

此诗富有理趣，只提了两个问题，而绝不说教，由读者自己去领悟。好的乐器可能发出动人的声音，但如果没有大音乐家弹琴的指头，妙音就发不出，它不会自鸣。大音乐家有弹琴的指头，如无合适的乐器，从他指头上仍听不出什么声音。苏轼有不少富有理趣的诗，明白平易，巧于譬喻，单看已不失为好诗，深入理解，更感丰富有味。

① 若：如果。

② 匣：琴盒。

童真之趣

童年就像是一颗颗糖果，即使融化了，可甜蜜的回忆还在，令人回味无穷。在本单元文章中，有我们熟悉的色彩和味道，也有我们未尝领略过的美景。即将与童年挥手作别的我们，不妨把这份美好收进行囊，有它相伴，我们的人生旅途会更精彩。

阅读本单元文章，重点学习默读，要不出声，不动唇，不指读，不回看，一气读完全文，以保证阅读速度和阅读感知的完整性。默读时要关注标题、开头、结尾及文段中的关键语句，把握基本内容，了解文章大意。此外，还要注意揣摩和品味语言，积累一些精彩的语段。

1. 鱼鳞瓦

⊙肖复兴

老北京的房顶铺的都是鱼鳞瓦，灰色，和故宫里的碧瓦琉璃形成色彩鲜明的对比。虽不如碧瓦琉璃那般炫目，那般高高在上，但满城沉沉的灰色，低矮着，沉默着，无语沧桑，力量沉稳，秤砣一般压住了北京城，气魄如云雾天里翻涌的海浪一样。难怪贝聿铭先生那时来北京，特别愿意到景山顶上看北京城这些灰色的鱼鳞瓦顶。

把老北京的房顶的鱼鳞瓦与故宫的碧瓦琉璃做对比，表现出鱼鳞瓦美得真实、朴素、厚重。

在我的童年，即20世纪50年代，北京的天际线很低，基本上被这些起伏的鱼鳞瓦顶所勾勒。因为那时候成片成片的四合院还在，而且占据了城市的空间。想贝聿铭先生看见这样的情景，一定会觉得这才是老北京，是世界上任何一座城市都没有的色彩和力量吧？

想想，真的很有意思，那时候，四合院平房没有如今楼房的阳台或露台，鱼鳞状的灰瓦顶，就是各家的阳台和露台，晒的萝卜干、茄子干或白薯干，都会扔在那上面；五月端午节，艾蒿和蒲剑要插在门上，也要扔到房顶，图个吉利；谁家刚生小孩子，老人讲究要用葱打小孩子的屁股，取葱的谐音，说是打打聪明，打完之后，还要把葱扔到房顶，这到底是什么讲究，我就弄不明白了。

“鱼鳞瓦的房顶”就是“我们的乐园”，阅读时想一想，文中哪些地方可以体现出这里就是“乐园”？

对于我们许多孩子而言，鱼鳞瓦的房顶，就是我们的乐园。老北京有句俗话，叫作三天不打，上房揭瓦，说的就是那时我们这样的小孩子，淘得要命，动不动就爬到房顶上揭瓦玩，这是那时司空见惯的儿童游戏。我相信，老北京的小孩子，没有一个没干过上房揭瓦这样调皮的事。

那时，我刚上小学，开始跟着大哥哥大姐姐们一起上房揭瓦。我们住的四合院的东跨院，有一个公共厕所，厕所的后山墙不高，我们就从那里爬上房顶，弓着腰，猫似的在房顶上四处乱窜，故意踩得瓦噼啪直响，常常会有邻居大妈大婶从屋里跑出来，指着房顶大骂：哪个小兔崽子，把房踩漏了，留神我拿鞋底子抽你！她们骂我们的时候，我们早都踩着鱼鳞瓦跑远，跳到另一座房顶上了。

鱼鳞瓦，真的很结实，任我们成天踩在上面那么疯跑，就是一点儿也不坏。单个儿看，每片瓦都不厚，一踩会裂，甚至碎，但一片片的瓦铺在一起，铺成了一面坡房顶，就那么结实。它们是一片瓦压在一片瓦的上面，中间并没有泥粘连，像一只小手和另一只小手握在了一起，可以有那么大的力量，也真是怪事，常让那时的我好奇而百思不解。漫长的日子过去之后，大院里有的老房漏雨，房顶的鱼鳞瓦换成波浪状的石棉瓦或油毡和沥青抹的一整块坡顶，说实在的，都赶不上鱼鳞瓦，不仅质量不如，一下大雨接着漏，也不如鱼鳞瓦好看。少了鱼鳞瓦的房顶，就如同人的头顶斑秃一般，即使戴上颜色鲜艳的新式帽子，也不是那么回事了。

鱼鳞瓦的这些特点，让你产生了怎样的联想？

前些天，路过童年住过的那条老街，正赶上那里拆迁，从房顶上卸下来的鱼鳞瓦装满了一汽车的挎斗，一层层，整整齐齐地码在车上，也呈鱼鳞状。那可都是清朝时候就有的鱼鳞瓦呀，经历了一百多年的雨雪风霜，还是那样结实，那样好看。又有谁知道，在那些鱼鳞瓦上，曾经上演过那么多童年的游戏呢！

其实，平日里在房顶上疯跑的游戏，并没有任何内容，但形式带给我们的快乐大于内容，能惹得邻居大骂却又逮不着我们，便成为我们的一乐。当然，要说我们最大的乐，那还是秋天的摘枣，和国庆节的看礼花。

那时我们的院子里有三棵清朝就有的枣树，我们可以轻松地从房顶攀上枣树的树梢，摘到顶端最红的枣吃。也可以站在树梢上，拼命地摇树枝，让那枣纷纷如红雨落下。比我们小的那些小不点儿，爬不上树，就在地上头碰头地捡枣，大呼小叫，这可真的成了我们孩子的节日。

打枣一般都在中秋节前，这时候，国庆节就要到了。打完了枣，下一个节目就是迎接国庆了。

国庆看礼花与鱼鳞瓦有着怎样的联系？

国庆节的傍晚，扒拉完两口饭，我们会溜出家门，早早地爬上房顶，占领有利地形，等待礼花腾空。那时候，即使平常骂我们最欢的大妈大婶，也网开一面，一年一度的国庆礼花，成了我们上房的通行证。由于那时没有那么多的高楼，晚霞中的西山一览脚下。我们的院子就在前门西侧一点，天安门广场更是看得真真的，仿佛就在眼前，连放礼花的大炮都看得很清楚。看着晚霞一点点消失，等候着夜幕一点点降临，就像等待着一场大戏上演一样。我们坐在鱼鳞瓦上，心里充满期待，也有些焦急，不住问身边的大哥哥大姐姐：礼花什么时候放呀？

其实，我们心里谁都清楚，让我们期待和焦急的，不仅仅是礼花点燃的那一瞬间，更是礼花放完的那一刻。由于年年国庆都要爬到房顶上看礼花，我们都有了经验：随着礼花腾空会有好多白色的小降落伞，一般国庆那一天都会有东风，那些小降落伞便都会随风飘过来。燃放礼花的那一瞬间，我们会稳稳坐在那里，看夜空中色彩绚丽的礼花，绽放在我们的头顶。但降落伞飘来的那一刻，我们会立刻大叫着，一下子都跳了起来，伸出早已经准备好的妈妈晾衣服的竹竿，争先恐后去够那些小小的降落伞。

秋天摘枣的快乐，国庆看礼花的渴望……怀念童年，怀念鱼鳞瓦，一切的美好都定格在逝去的童年岁月。

当然，够得着够不着，全凭风的大小和运气了。因为那一刻，附近四合院的鱼鳞瓦顶上站满和我们一样的孩子，在和我们一样伸着竹竿够降落伞。风如果小，就被前面院子的孩子够走了；风要是大，降落伞就会像存心逗我们玩似的从我们的头顶飞走。记得国庆十周年，那时我上小学五年级，属于大孩子了，那一天晚上，不知是天助我也，还是那一年国庆放的礼花多，降落伞飘飘而来，一个接着一个，让我轻而易举就够着一个，还挺大的个儿，成为我拿到学校显摆的战利品。

从鱼鳞瓦的屋顶走下来，人也长大了。文章结尾让人回味无穷。

也就是从那一年以后，我没再上房玩了。也许，是认为自己长大了吧。

学习提示

鱼鳞瓦的房顶就是作者童年的乐园，作为活动地点，它串联起作者丰富多彩的童年故事。文章中的鱼鳞瓦虽色彩不炫目，却记录着老北京的沧桑；虽平凡普通，却力量沉稳，正如我们的童年生活，朴素、简单却触及心灵，留给我们不一样的色彩与力量。

阅读时思考：作者为什么要写老北京的众多习俗？这样写有什么作用？

2. 往事依依

⊙于　漪

年华似流水。几十年过去，不少事情已经模糊，有的搜索枯肠而不可得，但有几件事仍历历在目，至今记忆犹新。

一边默读一边概括文章写了哪几件往事。

小时候，我住的小屋里挂着一幅山水画。这只是一幅极普通的画，清晨看到，晚上看到，一天少说看到三四次，竟百看不厌。有时凝视久了，自己也仿佛进入画中，“徜徉于山水之间”，甚得其乐。入了神，自然乐在其中。家里有一部《评注图像水浒传》，一打开，就被一幅幅插图吸引住了。梁山雄伟险峻，水泊烟波浩渺，水面有无边无际的芦苇，山上有一排排大房子……这一切，在我幼小的心灵里好像就是家乡长江边焦山一带。那时读《水浒传》，会不知不觉把焦山一带风景当作梁山泊背景，我似乎目睹何涛、黄安率领的官军在茫茫荡荡的焦山下，在芦苇水港中走投无路、狼狈逃窜的情景，犹如身历其境，真是津津有味。以后年龄增长，也曾重读《水浒传》，虽然理解比小时候深入，但是形象却不如那时鲜明。后来才懂得，这就是形象思维的作用，生动的形象可以形成深刻的记忆。

学生时代的生活乐趣，很大程度来自读书。书，给我以广阔的天地，而其中编织我童年美丽的生活花环的，竟是一本让人看不上眼的石印本《千家诗》。

祖国的大地山川气象万千，家乡的山山水水也美丽非凡。一年之中，风光流转，阴晴雨晦，丽日蓝天，风云变幻，真是美不胜收。《千家诗》中很大部分诗歌歌咏祖国风物，按春夏秋冬时序编排，打开书往下念，四季风光就活生生地展现在眼前：“万紫千红总是春”“春城无处不飞花”“绿树阴浓夏日长”“五月榴花照眼明”“青女素娥俱耐冷，月中霜里斗婵娟”“梅雪争春未肯降，骚人搁笔费评章”……吟诵这些诗句，春花秋月，夏云冬雪，一年四季都沉醉在诗的意

“我”读《千家诗》，感受祖国风物的美不胜收，沉浸在诗的意境和美的享受中。你有类似的阅读感受吗？

境之中。诗句中丰富的颜色给生活涂上了绚丽的色彩："红紫芳菲""橙黄橘绿""黄鹂鸣翠柳""白鹭上青天"令人眼花缭乱，心旷神怡。脑海里常常浮现五彩纷呈的世界，沉浸在美的享受中，生活情趣浓浓郁郁。

老师入情入理的讲课也在我心上雕镂下深刻的印象，培养了我课外阅读的兴趣。国文老师教古文喜欢大声朗诵。记得一次教辛弃疾的词《南乡子·登京口北固亭有怀》，老师朗诵时头与肩膀左右摇摆着，真是悲歌慷慨，我们这些做学生的，爱国情怀油然而生。此后我每次登上满眼风光的北固楼，望着滚滚长江水，回顾千古兴亡事，总是感慨万端。不用说，这首词我至今还能背得滚瓜烂熟。我就是从那时开始爱读辛弃疾词的。也是在初中读书时，来了一位代课的国文老师，是年轻的新派人，他喜欢教白话文。有一次，教到田汉《南归》中的诗："模糊的村庄已在面前／礼拜堂的塔尖高耸昂然／依稀是十年前的园柳／屋顶上寂寞地飘着炊烟……"老师朗诵着，进入了角色，那深深感动的神情凝注在眼睛里。这种感情传染了

"雕镂"是雕刻的意思。这个词写出了两位老师对"我"的影响之深，就好像用刀刻在心里一样，永不忘记。

整个教室，一堂课鸦雀无声，大家都被深深感动了。这几句诗镌刻在我心上，几十年过去，至今还能信口背出。此后，我对新文学更有兴趣，读了许多有名的中外小说，开阔了眼界，使自己的心与时代更加贴近了。如今只要稍一回忆，就仿佛看到国文老师那左右摇晃的身子和代课国文老师那注满情思的眼睛。

老师常对我们说："你们光念几篇课文是远远不够的，课外要有计划地认认真真读点好书；多读书，读好书，能丰富知识，增添智慧，成为一个志趣高尚的人。"谆谆教导铭刻在心，使我一生受用不尽。

篇末点题。你能说出作者的依依往事与她成长的关联吗？

往事依依，金色的回忆唤起我的青春激情，催我不断奋进。

学习提示

《往事依依》是一篇回忆少年时代读书生活的散文。作者回忆了萦绕胸怀的往事：看图画，身临其境，甚得其乐；读诗歌，沉浸其中，心旷神怡；听讲课，深受感动，兴趣萌生；受教诲，铭刻在心，影响一生。

阅读时想一想：作者为什么能从看似微不足道的生活小事中生发出"人所未发"的感悟？

1. 风　筝

⊙鲁　迅

北京的冬季，地上还有积雪，灰黑色的秃树枝丫叉于晴朗的天空中，而远处有一二风筝浮动，在我是一种惊异和悲哀。

故乡的风筝时节，是春二月，倘听到沙沙的风轮声，仰头便能看见一个淡墨色的蟹风筝或嫩蓝色的蜈蚣风筝。还有寂寞的瓦片风筝，没有风轮，又放得很低，伶仃地显出憔悴可怜模样。但此时地上的杨柳已经发芽，早的山桃也多吐蕾，和孩子们的天上的点缀相照应，打成一片春日的温和。我现在在那里[①]呢？四面都还是严冬的肃杀，而久经诀别的故乡的久经逝去的春天，却就在这天空中荡漾了。

但我是向来不爱放风筝的，不但不爱，并且嫌恶他，因为我以为这是没出息孩子所做的玩艺。和我相反的是我的小兄弟，他那时大概十岁内外罢，多病，瘦得不堪，然而最喜欢风筝，自己买不起，我又不许放，他只得张着小嘴，呆看着空中出神，

---

① 那里：现在写作“哪里”。

有时至于小半日。远处的蟹风筝突然落下来了，他惊呼；两个瓦片风筝的缠绕解开了，他高兴得跳跃。他的这些，在我看来都是笑柄，可鄙的。

有一天，我忽然想起，似乎多日不很看见他了，但记得曾见他在后园拾枯竹。我恍然大悟似的，便跑向少有人去的一间堆积杂物的小屋去，推开门，果然就在尘封的什物堆中发见[①]了他。他向着大方凳，坐在小凳上；便很惊惶地站了起来，失了色瑟缩着。大方凳旁靠着一个胡蝶[②]风筝的竹骨，还没有糊上纸，凳上是一对做眼睛用的小风轮，正用红纸条装饰着，将要完工了。我在破获秘密的满足中，又很愤怒他的瞒了我的眼睛，这样苦心孤诣地来偷做没出息孩子的玩艺。我即刻伸手抓断了胡蝶的一支翅骨，又将风轮掷在地下，踏扁了。论长幼，论力气，他是都敌不过我的，我当然得到完全的胜利，于是傲然走出，留他绝望地站在小屋里。后来他怎样，我不知道，也没有留心。

然而我的惩罚终于轮到了，在我们离别得很久之后，我已经是中年。我不幸偶而看了一本外国的讲论儿童的书，才知道游戏是儿童最正当的行为，玩具是儿童的天使。于是二十年来毫不忆及的幼小时候对于精神的虐杀的这一幕，忽地在眼前展开，而我的心也仿佛同时变了铅块，很重很重的堕下去了。

但心又不竟堕下去而至于断绝，他只是很重很重地堕着，

---

① 发见：现在写作“发现”。

② 胡蝶：现在写作“蝴蝶”。

随着。

我也知道补过的方法的：送他风筝，赞成他放，劝他放，我和他一同放。我们嚷着，跑着，笑着。——然而他其时已经和我一样，早已有了胡子了。

我也知道还有一个补过的方法的：去讨他的宽恕，等他说，“我可是毫不怪你呵。”那么，我的心一定就轻松了，这确是一个可行的方法。有一回，我们会面的时候，是脸上都已添刻了许多“生”的辛苦的条纹，而我的心很沉重。我们渐渐谈起儿时的旧事来，我便叙述到这一节，自说少年时代的胡涂[①]。“我可是毫不怪你呵。”我想，他要说了，我即刻便受了宽恕，我的心从此也宽松了罢。

“有过这样的事么？”他惊异地笑着说，就像旁听着别人的故事一样。他什么也不记得了。

全然忘却，毫无怨恨，又有什么宽恕之可言呢？无怨的恕，说谎罢了。

我还能希求什么呢？我的心只得沉重着。

现在，故乡的春天又在这异地的空中了，既给我久经逝去的儿时的回忆，而一并也带着无可把握的悲哀。我倒不如躲到肃杀的严冬中去罢，——但是，四面又明明是严冬，正给我非常的寒威和冷气。

一九二五年一月二十四日

---

① 胡涂：现在写作“糊涂”。

2. 学画回忆（节选）

⊙丰子恺

我七八岁时入私塾，先读《三字经》，后来又读《千家诗》。《千家诗》每页上端有一幅木版画，记得第一幅画的是一只大象和一个人，在那里耕田，后来我知道这是二十四孝中的大舜耕田图。但当时并不知道画的是什么意思，只觉得看上端的画，比读下面的“云淡风轻近午天”有趣。我家开着染坊店，我向染匠司务讨些颜料来，溶化在小盅子里，用笔蘸了为书上的单色画着色，涂一只红象，一个蓝人，一片紫地，自以为得意。但那书的纸不是道林纸，而是很薄的中国纸，颜色涂在上面的纸上，渗透了下面好几层。我的颜料笔又吸得饱，透得更深。等得着好色，翻开书来一看，下面七八页上，都有一只红象、一个蓝人和一片紫地，好像用三色版套印的。

第二天上书的时候，父亲——就是我的先生——就骂，几乎要打手心，被母亲和大姐劝住了，终于没有打。我哭了一顿，把颜料盅子藏在扶梯底下了。晚上，我再向扶梯底下取出颜料盅子，叫红英——管我的女仆——到店堂里去偷几张煤头纸来，就在扶梯底下的半桌上的洋油灯底下描色彩画。画一个红人，一只蓝狗，一间紫房子……这些画的最初的鉴赏者，便是红英。后来母亲和诸姐也看到了，她们都说“好”；可是我没有给父亲看，防恐挨骂。

后来，我在父亲晒书的时候，看到了一部人物画谱，里面花样很多，便偷偷地取出了，藏在自己的抽斗里。晚上，又偷偷地拿到扶梯底下的半桌上去给红英看。这回不想再在书上着色；却想照样描几幅看，但是一幅也描不像。亏得红英想工[①]好，教我向习字簿上撕下一张纸来，印着了描。记得最初印着描的是人物谱上的柳柳州像。当时第一次印描没有经验，笔上墨水吸得太饱，习字簿上的纸又太薄，结果描是描成了，但原本上渗透了墨水，弄得很龌龊，曾经受大姐的责骂。

大约十二三岁的时候（父亲已经去世，我在另一私塾读书了），我已把这本人物谱统统印全。所用的纸是雪白的连史纸，而且所印的画都着色。着色所用的颜料仍旧是染坊里的，但不复用原色。我自己会配出各种间色来，在画上施以复杂华丽的色彩，同塾的学生看了都很欢喜，人家说：“比原本上的好看得多！”而且大家问我讨画，拿去贴在灶间里，当作灶君菩萨；或者贴在床前，当作新年里买的“花纸儿”。

那时候我们在私塾中弄画，是不敢公开的。先生在馆的时候，我们的画具和画都藏好，大家一摇一摆地读《幼学》书。等到下午，照例一个大块头来拖先生出去吃茶了，我们便拿出来弄画。我先

① 想工：想办法，是作者家乡方言。

一幅幅地印出来，然后一幅幅地涂颜料。同学们便像看病时向医生挂号一样，依次认定自己所欲得的画。得画的人对我有一种报酬，但不是稿费或润笔，而是种种玩意儿：金铃子一对连纸匣；挖空老菱壳一只，可以加上绳子去当作陀螺抽的；“云”字顺治铜钱一枚；或者铜管子（就是当时炮船上用的后膛枪子弹的壳）一个。

有一次，两个同学为交换一张画，意见冲突，相打起来，被先生知道了。先生审问之下，知道相打的原因是为画；追求画的来源，知道是我所作，便厉声喊我走过去。我料想是吃戒尺了，低着头不睬，但觉得手心里火热了。终于先生走过来了。我已吓得魂不附体，但他走到我的座位旁边，并不拉我的手，却问我：“这画是不是你画的？”我回答一个“是”字，预备吃戒尺了。他把我的身体拉开，抽开我的抽斗，搜查起来。我的画谱、颜料，以及印好而未着色的画，就都被他搜出。我以为这些东西全被没收了：结果不然，他但把画谱拿了去，坐在自己的椅子上一张一张地观赏起来。过了好一会儿，先生旋转头来叱一声：“读！”大家朗朗地读“混沌初开，乾坤始奠……”这件案子便停顿了。我偷眼看先生，见他把画谱一张一张地翻下去，一直翻到底。放假①的时候我挟了书包走到他面前去作一个揖，他换了一种与前不同的语气对我说：“这书明天给你。”

第二天早上我到塾，先生翻出画谱中的孔子像，对我说：“你

① 放假：指放学。

能照这样子画一个大的吗？”我没有防到先生也会要我画起画来，有些“受宠若惊”的感觉，支吾地回答说“能”。其实我向来只是“印”，不能“放大”。这个“能”字是被先生的威严吓出来的。说出之后心头发一阵闷，好像一块大石头吞在肚里了。先生继续说：“我去买张纸来，你给我放大了画一张，也要着色彩的。”我只得说“好”。同学们看见先生要我画画了，大家装出惊奇和羡慕的脸色，对着我看。我却带着一肚皮心事，直到放假。

放假时我挟了书包和先生交给我的一张纸回家，便去向大姐商量。大姐教我，用一张画方格子的纸，套在画谱的书页中间。画谱纸很薄，孔子像就有经纬格子范围着了。大姐又拿缝纫用的尺和粉线袋给我在先生交给我的大纸上弹了大方格子，然后向镜箱中取出她画眉毛用的柳条枝来，烧一烧焦，教我依方格子放大的画法。那时候我们家里还没有铅笔和三角板、米突尺，我现在回想大姐所教我的画法，其聪明实在值得佩服。我依照她的指导，竟用柳条枝把一个孔子像的底稿描成了；同画谱上的完全一样，不过大得多，同我自己的身体差不多大。我伴着了热烈的兴味，用毛笔勾出线条；又用大盆子调了多量的颜料，着上色彩，一个鲜明华丽而伟大的孔子像就出现在纸上。把画缴给先生去，先生看了点头。次日画就粘贴在堂名匾下的板壁上。学生们每天早上到塾，两手捧着书包向它拜一下；晚上散学，再向它拜一下。我也如此。

自从我的“大作”在塾中的堂前发表以后，同学们就给我一个绰号“画家”。每天来访先生的那个大块头看了画，点点头对先生说：“可以。”有一天，先生呼我走过去，拿出一本书和一大块黄布来，和蔼地对我说："你给我在黄布上画一条龙。"又翻开书来，继续说："照这条龙一样。"原来这是体操时用的国旗。我接受了这命令，只得又去向大姐商量；再用老法子把龙放大，然后描线，涂色。但这回的颜料不是从染坊店里拿来，是由先生买来的铅粉、牛皮胶和红、黄、蓝各种颜色。我把牛皮胶煮溶了，加入铅粉，调制各种不透明的颜料，涂到黄布上，同西洋中世纪的 fresco① 画法相似。龙旗画成了，就被高高地张在竹竿上，引导学生通过市镇，到野外去体操。此后我的"画家"名誉更高。

《论语》成语集萃（为学篇一）

不耻下问

【释义】不以向比自己学识差或地位低的人请教为可耻。形容虚心求教。

【出处】子曰："敏而好学，不耻下问，是以谓之文也。"

——《论语·公冶长》

举一反三

【释义】从一件事情类推而知道其他许多事情。也说"一隅反三"。

【出处】子曰："举一隅不以三隅反，则不复也。"

——《论语·述而》

①fresco：壁画。

3. 笔墨童年

⊙余秋雨

在山水萧瑟、岁月荒寒的家乡，我度过了非常美丽的童年。

千般美丽中，有一半，竟与笔墨有关。

那个冬天太冷了，河结了冰，湖结了冰，连家里的水缸也结了冰。就在这样的日子，小学要进行期末考试了。

破旧的教室里，每个孩子都在用心磨墨。磨得快的，已经把毛笔在砚石上蘸来蘸去，准备答卷。那年月，铅笔、钢笔都还没有传到这个僻远的山村。

磨墨要水，教室门口有一个小水桶，孩子们平日上课时要天天取用。但今天，那水桶也结了冰，刚刚还是用半块碎砖砸开了冰，才抖抖索索舀到砚台上的。孩子们都在担心，考试到一半，如果砚台结冰了，怎么办？

这时，一位乐呵呵的男老师走进了教室。他从棉衣襟下取出一瓶白酒，给每个孩子的砚台上都倒几滴，说：“这就不会结冰了，放心写吧！”

于是，教室里酒香阵阵，答卷上也酒香阵阵。我们的毛笔字，从一开始就有了李白余韵。

其实岂止是李白。长大后才知道，就在我们小学的西面，比李白早四百年，一群人已经在蘸酒写字了，领头那个人叫王羲之，写出的答卷叫《兰亭集序》。

我上小学时只有四岁，自然成了老师们的重点保护对象。上课时都用毛笔记录，我太小了，弄得两手都是墨，又沾到了脸上。因此，每次下课，老师就会快速抱起我，冲到校门口的小河边，把我的脸和手都洗干净，然后，再快速抱着我回到座位，让下一节课的老师看着舒服一点。但是，下一节课的老师又会重复做这样的事。于是，那些奔跑的脚步，那些抱持的手臂，那些清亮的河水，加在一起，成了我最隆重的书法入门课。如果我写不好毛笔字，天理不容。

后来，学校里有了一个图书馆。由于书很少，老师规定，用一页小楷，借一本书。不久又加码，提高为两页小楷借一本书。就在那时，我初次听到老师把毛笔字说成“书法”，因此立即产生误会，以为“书法”就是“借书的方法”。这个误会，倒是不错。

学校外面，识字的人很少。但毕竟是王阳明、黄宗羲的家乡，民间有一个规矩，路上见到一片写过字的纸，哪怕只是小小一角，哪怕已经污损，也万不可踩踏。过路的农夫见了，都必须弯下腰去，恭恭敬敬捡起来，用手掌捧着，向吴山庙走去。庙门边上，有一个石炉，上刻四个字：“敬惜字纸。”石炉里还有余烬，把字纸放下去，有时有一朵小火，有时没有火，只见字纸慢慢焦黄，熔入灰烬。

我听说，连土匪下山，见到路上字纸，也这样做。

家乡近海，有不少渔民。哪一季节，如果发愿要到远海打鱼，船主一定会步行几里地，找到一个读书人，用一篮鸡蛋、一捆鱼干，换得一叠字纸。他们相信，天下最重的，是这些黑森森的毛笔字。只有把一叠字纸压在船舱中间底部，才敢破浪远航。

那些在路上捡字纸的农夫，以及把字纸压在船舱的渔民，都不识字。

不识字的人尊重文字，就像我们崇拜从未谋面的偶像，是为尊重。

这是我的起点。

4. 年年依旧的菜园

⊙迟子建

外祖母家有一片很大很大的菜园。春天一到，最先种上的是菠菜、生菜和白菜，之后种香菜、水萝卜和土豆，再之后种那些爬蔓的植物：豆角、倭瓜、黄瓜等。当然，如果弄到茄子秧、柿子秧、辣椒秧，它们也一定会被恰到好处地栽种在园子里，那时候菜园中菜蔬的品种可就丰富多彩了。

外祖母对外祖父说：“你去给园子锄锄草。”

我便跟着外祖父到园子中锄草。

外祖父对外祖母说：“你去园子中给我弄点葱来蘸酱。”

我便跟着外祖母到园子中拔葱。

我常常在帮助外祖父锄草的时候将苗也锄了下来，我也往往在帮外祖母拔葱的时候将葱根断在土里。

我总是帮倒忙，但外祖父和外祖母从不责备我，我是太爱菜园了。

菜园中不总种菜，也种花。花种在边边角角的地方。有步步高、胭粉豆、地瓜花、爬山虎，当然种的最多的要数扫帚梅了。只要花一开，蜜蜂和蝴蝶也就来了。绿油油的菜地衬托着紫白红黄的花朵，看上去美极了。

如果看厌了菜园的景致，当然还可以走出园子到自留地去。自留地的面积可要比菜园大多了，它大多种苞谷和麦子。我喜欢啃青苞谷吃，那滋味甜丝丝的，感觉是在吃糖，可又比糖的味道柔和多了。而我喜欢麦子并不喜欢它的果实，我喜欢麦芒，那些像胡茬儿一样的麦芒可以用来挠痒痒。

太阳下山了，菜园中还散发着阳光留下的余温，待到月亮升起的时候，菜园完全是另外的景致了。分不清哪里是花，哪里是菜，只是见月光像泉水一样倾泻下来，把那些开花的不开花的植物全都镀上一层银光。这时候蜜蜂和蝴蝶都不见了，只是听得见水边青蛙的叫声，像是在歌颂月夜下菜园的美景。而当天色微明、菜园中的植物沾染了浓重的露水、太阳忽然跃出山顶将露珠照散的时候，农人们也就下田干活了。

外祖父和外祖母都是农民。农民是土地真正的主人。我扯着外祖父的手时感觉那手是粗糙而荒凉的，我扯着外祖母的手时感觉那手也是粗糙而荒凉的。外祖父摆弄那些农具的时候我便也跟着摆弄，外祖母给地施肥时我便也跟着施肥。

我不喜欢谷子。外祖母就说："谷子是粮食啊，人是靠它才活命的啊。"我就渐渐喜欢上了谷子。

外祖父说："别小看我这片菜园和自留地，它可以养活城里的几十条人命呢。"

我便知道城里其实是个很贫乏的地方。

外祖母告诉我，我生活的地方就是农村，我便知道农村是广大的，我也知道那些菜地和麦田都是农民的命根子。我跟着他们学会了打垄、锄草、间苗、施肥和收割，所以直到如今我的手仍然缺乏女性的细腻和柔美，它们同样是粗糙而荒凉的。

当我的双手远离那些农具的时候，我就很自然地用手拿起笔回忆那些让人感觉到朴实和亲切的消逝了的日子。回忆那菜园，菜园中的蚂蚱和蜻蜓；回忆麦田，丰收后有稻草人屹立在麦田里的情景。我便觉得那田野的风又微微吹来，我的心头不再是一潭死水，我生命的血液又会畅快地在体内涌流起来。

当我坐在城市的咖啡厅里听着那些饱食终日的人发着空虚的牢骚，我便会想到外祖父劳累一天后吃罢晚饭沿着菜园散步的情景。外祖父呼吸着真正的空气，所以无论在他生前或死后，他的睡眠都是安详的。如今他在他种过黄豆和玉米的土地上安息了。

外祖母依然健在，她仍然用她粗糙而荒凉的手忙碌在菜园里。外祖母种的菜外祖父如今是吃不到了，就由她的儿孙们来吃，而到了她的儿孙们也吃不到了的时候，外祖母肯定早就不在人间了。而菜园总要有人种下去。人一代代地老下去，菜园却永远不老。

冬天来了。冬天来了的时候菜园就被白雪覆盖了。那些好看的蚂蚱和蜻蜓不见了，那些花和碧绿的菜蔬也都死灭了。白雪覆盖着生长过茂盛植物的土地，白雪同样覆盖着为耕种这些植物而死去了的人的灵魂，那些寂寞而宽厚的依附着土地的灵魂。

我的手是粗糙而荒凉的。

我的文字是粗糙而荒凉的。

5. 海边的童年

⊙陈　晨

故乡的大海，曾是我童年时的游乐场和励志课堂。

上小学的时候，星期三下午，学校都会放半天假，我就会和小伙伴们相邀着一起去闯海。

那时候的海，离我家并不是很远，大概走上半个小时，就能闻到海腥味，听到海鸟的鸣叫声。

要走进大海的怀抱，并不是一件容易的事，必须经过一大片芦苇荡和水泽地。我们脱了鞋，光着脚，深一脚浅一脚地朝着大海深处走去。我们的脚丫，先是试探性地踏进水泽里，看着软湿的淤泥慢慢没过我们的小腿，直至膝盖。淤泥的下面，会有一层坚实的硬土，给予我们双腿有力的支撑。有时候，看似温和的水泽下面会有尖利的芦根，让我们的双脚在猝不及防中突然受伤，鲜血直流。疼痛对于那时候的我们来说，总是短暂的，因为前面还有很多吸引我们的东西。于是，在同伴简单的慰问之后，我们继续朝着大海深处跋涉。我们在跋涉中体验惊险，在跋涉中体验乐趣。

很多年后，我明白了童年时在泥泞中跋涉对我人生的意义，也明白了大海给予我的无声启示。成年后，曾经遇到过很多人生的险滩，也曾经一次一次受到猝不及防的伤害，我总是像童年时那样，一步一步在命运的泥泞里跋涉着、前进着，不张望、不迷惘、不气馁，坚信水泽下面总会有一个有力的支撑，会让我一步一步地走过去。

走过水泽，走过芦苇荡，渐渐的，脚下的泥地越来越硬实，留下的脚印越来越清晰。于是，我们就在海滩上雀跃着，飞奔着，追逐着，嬉闹着，广阔无垠的滩涂上留下了我们的一串串脚印，也留下了我们童年的欢笑声。

站在海滩上极目四望，大海是那样辽阔，永远看不到边际。目光的尽头，海与天在苍茫的远方紧紧相连。在大海宽阔的胸怀里，小小的我们似乎也变得胸襟开阔起来。

玩乐的同时，我们常常也会在滩涂上捉一些小海鲜，带回家去，也是很不错的美味。常见的小海鲜有黄蚬、蟛蜞、泥螺，还有跳跳鱼。黄蚬的隐身之地很好辨别，它们总是躲藏在一汪浅浅的水下面的沙地里，给自己留一个小孔呼吸。轻轻一挖，黄蚬就很无辜地呈现在你面前了。它们没有任何防备能力，建筑的防御工事又过于简陋，太容易让人识别，于是它们就聚集在一起抵御外敌。所以，我们在滩涂上抓得最多的小海鲜就是黄蚬啦，有时一下午能捡好几斤。带回家，用清水洗净，开水烫过，取出肉来，炖鸡蛋羹，烧豆腐，或是煮汤面，味道都极其鲜美。

蟛蜞长得与螃蟹十分相似，但比螃蟹小得多，也许追溯到远古时代，它们应该是具有某种亲缘关系的物种吧。蟛蜞十分机警，它们常常在芦苇丛中活动，一见有人来，就会迅速舞动爪子，逃得无影无踪。有时候，明明看见它们躲进了某个蟛蜞洞里，但任凭你怎么挖，都很难把钻进洞里的蟛蜞挖出来，天才的蟛蜞把它们的隐身之地建得深而且弯，具有很好的防卫功能。但它们有一个致命的弱点，每当大暴雨来临前夕，它们就会惊恐万状地爬出洞来到处乱窜，这时候，是抓捕它们的最好时机。蟛蜞空长了一副与螃蟹相似的身形，其实小小的身体里没有值得品尝的内容。但崇明一带，至今都有把蟛蜞做成醉蟛蜞下酒、佐餐的习俗，爱吃的人觉得其鲜美不逊于螃蟹。

有时候，不知不觉走到了大海的深处，走得东西南北没了方向。如果在大海里迷了路，不用慌张，四下里找找，远远地就能看见灯塔，它高高地矗立着，召唤着我们，指引着我们回程的路。于是，我们的心里有了底气，知道朝着灯塔的方向走，就能回到自己的家。成年后，读到很多关于歌颂灯塔的诗歌，我深有感触。是的，对于航海的人来说，灯塔就是他们的方向，就是他们的旗帜，就是他们温暖的家。

在大海里玩够了，我们就朝着灯塔指引的方向往回走，用大治河清澈的水把满身的泥巴洗净，带着我们的战利品回家。父母知道我们去闯海了，从不责骂我们，也似乎从来不担心我们的安全。只是偶尔会告诉我们一些关于潮汐的常识，免得我们再去时遇到涨潮，白跑一趟。

也许，在他们的心里，大海对于我们这些孩子始终是仁慈而宽厚的，他们不用担心大海会伤害我们。

长大以后，有时遇到童年时一起搭伴去闯海的伙伴，我们会笑着说，那时我们真傻呀，常去海边，脸被晒得黑黢黢，现在用再名贵的化妆品也补救不过来啊，一辈子都是这种肤色啦。

故乡的大海，是我童年时的游乐场，也是我童年时的励志课堂。它给予我磨砺，给予我宽慰，给予我胸怀，给予我启示，给予我指引，也给予我终身难以泯灭的印迹，不管走到哪里，我都是海的女儿。

6. 童年笨事（节选）

⊙赵丽宏

如果回想一下，每个人儿时都会做过一些笨事，这并不奇怪，因为儿时幼稚，常常把幻想当成真实。做笨事并不一定是笨人，聪明人和笨人的区别在于：聪明人做了笨事之后会改，并且从中悟出一些道理，而笨人则屡错屡做，永远笨头笨脑地错下去。

我小时候笨事也做得不少，现在想起来还会忍不住发笑。

追“屁”

五六岁的时候，我有个奇怪的嗜好：喜欢闻汽油的气味。我认为世界上最好闻的味道就是汽油味，比那种绿颜色的明星牌花露水味道要美妙得多。而汽油味中，我最喜欢闻汽车排出的废气。于是跟大人走在马路上，我总是拼命用鼻子吸气，有汽车开过，鼻子里那种感觉真是妙不可言。有一次跟哥哥出去，他发现我不停地用鼻子吸气，便问：“你在做什么？”我回答：“我在追汽车放出来的气。”哥哥大笑道：“这是汽车在放屁呀，你追屁干吗？”哥哥和我一起在马路边前俯后仰地大笑了好一阵。

笑归笑，可我的怪嗜好依旧未变，还是爱闻汽车排出来的气。因为做这件事很方便，走在马路上，你只要用鼻子使劲吸气便可以。后来我觉得空气中那汽油味太淡，而且稍纵即逝，闻起来总不过瘾，于是总想什么时候过瘾一下。终于想出办法来。

一次，一辆摩托车停在我家弄堂口。摩托车尾部有一根粗粗的排气管，机器发动时会喷出又黑又浓的油气，我想，如果离那排气管近一点，一定可以闻得很过瘾。我很耐心地在弄堂口等着，过了一会儿，摩托车的主人来了，等他坐到摩托车上，准备发动时，我动作敏捷地趴到地上，将鼻子凑近排气管的出口处等着。摩托车的主人当然没有发现身后有个小孩在地上趴着，只见他的脚用力踩动了几下，摩托车呼啸着箭一般蹿出去。而我呢，趴在路边几乎昏倒。

那瞬间的感觉，我永远不会忘记——随着那机器的发动声轰然而起，一团黑色的烟雾扑面而来，把我整个儿包裹起来。根本没有什么美妙的气味，只有一股刺鼻的、几乎使人窒息的怪味从我的眼睛、鼻孔和嘴巴里钻进来，钻进我的脑子，钻进我的五脏六腑。我又是流泪，又是咳嗽，只感到头晕眼花、天昏地黑，恨不得把肚皮里的一切东西都呕出来……天哪，这难道就是我曾迷恋过的汽油味儿？等我趴在地上缓过一口气来时，只见好几个人围在我身边看着我发笑，好像在看一个逗人发乐的小丑。原来，猛烈喷出的油气把我的脸熏得一片乌黑，我的模样狼狈而又滑稽……

从此以后，我开始讨厌汽油味，并且逐渐懂得，任何事情，做得过分以后，便会变得荒唐，变得令人难以忍受。

囚　蚁

童年时曾经认为世界上所有的动物都可以由人来饲养，而且所有的动物都可以从小养到大，就像人一样，摇篮里的小小婴儿总能长成顶天立地的大巨人。连蚂蚁也不例外。在歌子里唱过“小蚂蚁，爱劳动，一天到晚忙做工”，所以对地上的蚂蚁特别有好感，常常趴在墙角或者路边仔细观察它们的活动，看它们排着队运食物、搬家，和比它们大无数倍的爬虫和飞虫们作战……大约是五岁的时候，有一天我和妹妹忽发奇想：为什么不能把蚂蚁们放到玻璃瓶里养起来呢？像养小鸡小鸭那样养它们，给它们吃，给它们喝，它们一定会长大，长得比蟋蟀和蝈蝈们还要大。

这件事情并不复杂。找一个有盖子的玻璃药瓶，然后将蚂蚁捉到瓶子里，我们一共捉了十五只蚂蚁，再旋紧瓶盖。这样，这十五只蚂蚁便有了一个透明整洁的新家。我和妹妹兴致勃勃地观察着蚂蚁们在瓶子里的动静，只见它们不停地摇动着头顶的两根触须，急急忙忙地在瓶子里上下来回地走动，似乎在寻找什么。我想它们大概是饿了，便旋开瓶盖投进一些饭粒，可它们却毫无兴趣，依然惊惶不安地在瓶里奔跑。它们肯定在用它们的语言大声喊叫，可惜我听不见……第二天早晨起来，第一件事情就是看玻璃瓶里的蚂蚁。只见那十五只蚂蚁横七竖八躺在瓶底下，安安静静地一动也不动，它们全都死了。我和妹妹伤心了好一阵，想了半天，得出结论：是因为药瓶里不透气，蚂蚁们是闷死的。（现在想起来，更可能是瓶里药味使小蚂蚁们送了命。）

原因既已找到，新的办法便随之而来。我找来一只火柴盒子，准备为蚂蚁们做一个新居。怕它们再闷死，我命令妹妹用大头针在火柴壳上扎出一些小洞眼，作为透气孔。当时已是深秋，天气有些冷，于是妹妹又有新的担忧：“火柴盒里很冷，小蚂蚁要冻死的！”对，想办法吧。在妹妹的眼里，我这个比她大一岁的哥哥是无所不能的。我果然想出办法来：从保暖用的草饭窝里抽出几根稻草，用剪刀将稻草剪碎后装到火柴盒里，这样，我们的蚂蚁客人就有了一个又透气又暖和的新窝了。我和妹妹又抓来一些蚂蚁关进火柴盒里，还放进一些饼干屑，我们相信蚂蚁们会喜欢这个新家。遗憾的是不能像玻璃瓶一样在外面可以观察它们了。但可以用耳朵来听，把火柴盒贴在耳朵上，可以听见它们的脚步声。这些窸窸窣窣的声音极其轻微，必须在夜深人静时听，而且要平心静气地听。在这若有若无的微响中，我曾经有过不少奇妙的遐想，我仿佛已看见那些快乐的小蚂蚁正在长大，它们长出了美丽的翅膀，像一群威风凛凛的大蟋蟀……

然而我们的试验还是没有成功。不到两天时间，火柴盒里的蚂蚁们全都逃得无影无踪。我也终于明白，蚂蚁们是不愿意被关起来的，它们宁可在墙角、路边和野地里辛辛苦苦地忙碌搏斗，也不愿意在人们为它们设置的安乐窝里享福。对它们来说，没有什么比自由的生活更为可贵。

单元学习任务

任务一

无忧无虑的童年生活永远是每个人生命中最真最美的回忆。本单元文章中那些快乐的事、好玩的地方、有趣的人，一定给你留下了深刻的印象。请你选择其中最喜欢的一篇文章，完成下面的图表。

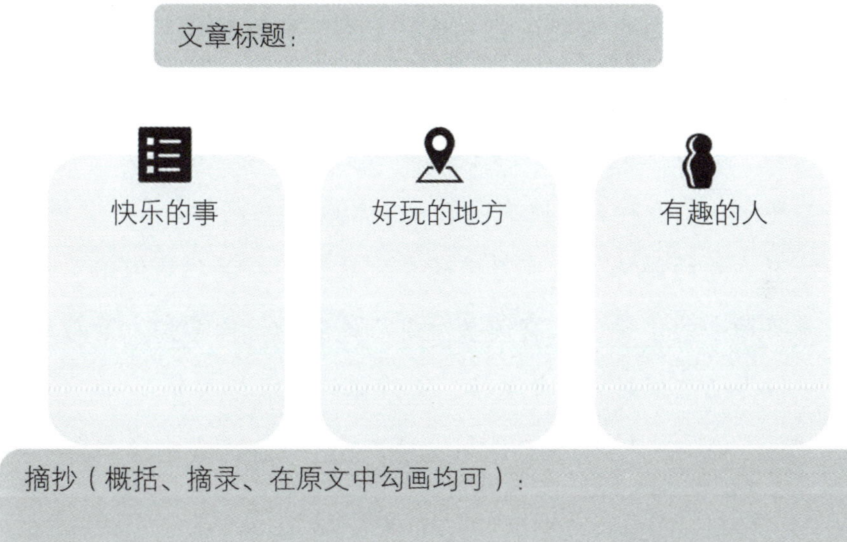

任务二

默读本单元文章，勾画文中景物描写的语句，简要分析其使用的景物描写方法。选取你熟悉的景物写一段文字，与全班同学分享。

景物描写方法：________________________________

____

我来写一写：________________________________

____

____

任务三

童年在我们每个人的成长中至关重要。俄国哲学家赫尔岑曾经说过：“‘小孩儿时候’再加上刚刚步入青春期的两三年，是人的生活中最举足轻重的、最优美的、最属于我们的部分，也几乎是最重要的部分，它不知不觉地决定了整个未来。”例如，在《鱼鳞瓦》中，既有童年的趣味，又有厚重的文化底蕴；在《往事依依》中，既有童年读书的乐趣，又有读书对自己的影响。同学们，请与大家分享一下你记忆深刻的童年生活，交流你的感悟与思考。

我的童年：	感悟与思考：

大爱之光

成长路上的重重磨难，终不能阻遏拔节破茧的抗争，因为浓浓的深情可以抚慰无助孤寂的心灵，爱的光辉可以照亮灰暗的路途。在本单元文章中，有我们未曾经历的挫折和磨难，也有逆境中奋进的精神和意志。经历成长挫折的我们不妨沉淀于心，带上勇气和希望继续前行。

本单元要继续学习默读，每篇文章都要一气读完，保证阅读感知完整性的同时，逐渐加快阅读速度。除了要关注标题、开头、结尾，默读时还要关注文中与标题相照应的语句、对人物事件进行评价的语句、直接抒发感情的语句以及单独成段的语句，这些关键语句都可以帮助我们快速把握文章基本内容，了解文章大意。

1. 享受生活（节选）

⊙〔美国〕海伦·凯勒

我相信读者不会从前面章节的叙述中得出结论，以为我的唯一乐趣就是阅读。事实上，我的乐趣是丰富多彩的。

我非常喜爱田野漫步和户外运动。在我还是个小孩子的时候，就学会了划船和游泳。夏天，在马萨诸塞州伦萨姆时，我几乎都是生活在船上。没有什么能够比得上朋友来访时，出去划船更有乐趣了。的确，我并不能平稳地驾驭船只，我通过辨别水草和睡莲以及岸上的灌木的气味来掌握方向，桨用皮带固定在桨环上，我从水的阻力可以知道双桨用力是否平衡，同样，我可以知道什么时候是逆水而上。我喜欢同风浪搏斗，驾驭坚固的小船服从于我的意志和膂力，它轻轻地掠过那波光粼粼的湖面，水波不停地使它上下颠簸。此情此景，令人心旷神怡。

我也喜欢划独木舟。我说我喜欢在月夜泛舟时，你们也许会哑然失笑。的确，我不可能看见月亮从松树后面爬上天空，悄悄地越过中天，为大地铺上一条闪光的道路，但我好像知道月光就在那里。当我累了，躺在垫子上，把手放进水中时，我仿佛看见了这照耀如同白昼的月光正在经过，我触摸到了她的衣裳。偶尔，一条大胆的小鱼从我手指间滑过，一棵睡莲含羞地亲吻我的手指。

…………

去年夏天，我在新英格兰一个风景如画、迷人可爱的幽静乡村里度过。马萨诸塞州的伦萨姆仿佛与我有不解之缘，我生命中所有的欢乐和忧愁，也似乎都与这个地方连在一起。钱布林斯故居，靠近菲利浦王池畔的红色农庄成了我的家。每每想起与这些亲朋挚友共度的快乐时光，以及他们对我的恩惠，心里就充满了感激。他们家的孩子与我成了亲密的伙伴，为我提供了很大的帮助。我们一起做游戏，相携在林中散步，在水中嬉戏。几个年幼的孩子常常围着我说这道那，我也给他们讲小妖精、侏儒、英雄和狡猾的狗熊的故事，一切至今还回味无穷。钱布林斯先生还引导我去探究那些树木和野花的秘密世界。后来，我仿佛能侧耳听橡树中树液的奔腾流动，看见阳光挥洒在树叶上的光辉。

树根深埋于阴暗的泥土，
分享着树顶上的愉悦，想象，
充满阳光的天空，鸟儿在飞翔，
啊！因为同自然有着共鸣，
所以我也理解了看不见的东西。

在我看来，每个人都有一种潜能，都可以理解开天辟地以来，人类所经历的印象和情感。每个人潜意识里还残留着对绿色大地、淙淙流水的记忆。即使是盲聋人，也无法剥夺他们这种从先代遗传下来的天赋。这种遗传智能是一种第六感——融合了视觉、听觉、触觉于一体的灵性。

…………

除了从容散步，我还喜欢骑双人自行车四处兜风。凉风迎面吹拂，铁马在胯下跳跃，十分惬意。迎风快骑使人感到轻快又有力量，飘飘然而心旷神怡。

在散步、骑马和划船时，只要有可能，我会让狗陪伴着我。我有过很多犬友——躯体高大的玛斯第夫犬、目光温顺的斯派尼尔犬、善于丛林追逐的萨脱猎犬，以及忠实而其貌不扬的第锐尔狼狗。目前，我所钟爱的是一条纯种狼狗，它尾巴卷曲、脸相滑稽，逗人喜爱。这些狗似乎很了解我生理的缺陷，每当我孤独时，总是寸步不离地依傍着我。

每当下雨足不出户时，我会和其他女孩子一样，待在屋里用各种办法消遣。我喜欢编织，或者东一行西一句随手翻翻书，或者同朋友们下一两盘棋。我有一个特制棋盘，格子都是凹陷下去的，棋子可以稳稳当当地插在里面。黑棋子是平的，白棋子顶上是弯曲的，棋子大小不一，白棋比黑棋大，这样我可以用手抚摸棋盘来了解对方的棋势。棋子从一个格移到另一个格会产生震动，我就可以知道什么时候该轮到我走棋了。

在独自一人百无聊赖时，我便玩单人纸牌游戏。我玩的纸牌，在右上角有一个盲文符号，我可以轻易分辨出是张什么牌。

如果有孩子们在旁边，同他们做各种游戏真是快乐不过了。哪怕是很小的孩子，我都愿意和他们一起玩。我喜欢他们，他们也很喜欢我。他们当我的向导，带着我到处走，把自己感兴趣的事情告诉我。小孩子们不能用手指拼字，有时唇读也未能弄明白他们的话，只好依赖手势，每逢我误解了他们的意思，做错了事，他们就会哄然大笑，于是哑剧就得再次从头做起。我也常给他们讲故事，教他们做游戏，和他们在一起很快乐，时间也过得很快。

博物馆和艺术馆也是乐趣和灵感的来源。许多人满怀疑惑，我不用眼睛，仅用手，能感觉出一块冰凉的大理石所表现的动作、感情和美？的确！我的确能从抚摸这些典雅的艺术品中获得真正的乐趣。当我的指尖触摸到这些艺术品的线条时，就能感受到艺术家们所要表达的思想。我从神话英雄雕像脸中，感觉他的爱和恨、勇敢和爱情，正如我能从活人的脸上摸出人的情感和品格一样。从狄安娜雕像的神态上，我体会到森林中的秀美和自由，足以驯服猛狮，克服最强烈的感情的精神；维纳斯雕像的安详和优雅的曲线，使我的灵魂充满了喜悦，而巴雷的铜像则把丛林的秘密显示出来。

在我书房的墙上有一幅荷马的圆雕，挂得很低，顺手就能摸到。我常以崇敬的心情抚摸他英俊而忧伤的面庞。我对他庄严的额上每一道皱纹都了如指掌——如同他生命的年轮，刻着忧患的印迹。在冰冷的灰石中，他那一双盲眼仍然在为他自己心爱的希腊寻求光明与蓝天，然而结果总是归于失望。那美丽的嘴角，坚定、真实而且柔和。这是一张饱经忧患的诗人的脸庞。啊！我能充分了解他一生的遗憾，那个犹如漫漫长夜的时代：

> 哦，黑暗、黑暗，
> 在这正午刺眼的阳光下，
> 绝对黑暗、全然黑暗，
> 永无光明的希望！

我仿佛听见荷马在歌唱，从一个营帐行吟到另一个营帐，探着步子摸索着。他歌唱生活、爱情和战争，歌唱一个英雄民族的光辉业绩。这奇伟雄壮的歌，使盲诗人赢得了不朽的桂冠和万世的景仰。

有时候，我甚至怀疑，手对雕塑美的欣赏比眼睛更敏感。我以为触觉比视觉更能对曲线的节奏感体会入微。不管是否如此，我自认为自己可以从希腊的大理石神像上觉察出古希腊人情绪的起伏波动。

欣赏歌剧是比较少有的一种娱乐。我喜欢舞台上正在上演时，有人给我讲述剧情，这比之读剧本要有趣得多，因为这样我常常会有身临其境的感觉。埃伦·特里小姐具有非凡的艺术才能，有一次，她正在扮演一名我们心目中理想的王后，我被允许抚摸她的脸和服饰。她身上散发出来的高贵神情足以消解最大的悲哀。亨利·欧文勋爵穿着国王服饰站在她的身旁，他的行为举止无不显露出超群出众的才智。在他扮演的国王的脸上，有一种冷漠、无法捉摸的悲愤神情，令我永远不能忘怀。

我仍然清楚地记得第一次看戏的情景。那是12年前的事情，莱斯莉正在波士顿，莎莉文小姐带我去看她演出的《王子与贫儿》。我无法忘记剧场所充满的喜怒哀乐，随着剧情的发展，观众一会儿喜，一会儿悲，这位小演员也演得惟妙惟肖。

散场后，我被允许到后台去见这位穿着华丽戏装的演员。我仿佛真的看到了她站在那里向我微笑，一头金发披散在肩上。虽然刚刚结束演出，她一点儿也没有疲惫和不愿见人的样子。那时，我才会开始说话，之前我反复练习说出她的名字，直到我可以清楚地说出来。当她听懂了我说出的几个字时，高兴地伸出手来欢迎我，表示很高兴能与我相识，我也高兴得几乎要跳起来！

虽然生活中有很多缺陷，但我可以有如此多的方式触摸到这个多姿多彩的世界。世界是美好的，甚至黑暗和沉寂也是如此。无论处于什么样的环境，都要不断努力，都要学会满足。

有时候，当我孤独地坐着等待着生命大门关闭时，一种与世隔绝的感觉就会像冷雾一样笼罩着我。远处有光明、音乐和友谊，但我进不去，命运之神无情地挡住了大门。我真想义正词严地提出抗议，因为我的心仍然充满了热情。但是那些酸楚而无益的话语流溢在唇边，欲言又止，犹如泪水往肚里流，沉默浸透了我的灵魂。然后，希望之神微笑着走来对我轻轻耳语说：“忘我就是快乐。”因而我要把别人眼睛所看见的光明当作我的太阳，别人耳朵所听见的音乐当作我的乐曲，别人嘴角的微笑当作我的快乐。

（陈筱卿 / 译）

《论语》成语集萃（为学篇二）

仰之弥高，钻之弥坚

【释义】仰望他的人格，越觉得他崇高；钻研他的学问，越钻越觉得深奥。这是颜回称赞老师孔子的话。后用来歌颂人的品质高尚，学识渊博。

【出处】颜渊喟然叹曰：“仰之弥高，钻之弥坚，瞻之在前，忽焉在后。夫子循循然善诱人，博我以文，约我以礼，欲罢不能。既竭吾才，如有所立卓尔。虽欲从之，末由也已。”

——《论语·子罕》

升堂入室

【释义】登上厅堂，又进入内室。后比喻学问、技能达到高深的程度。

【出处】子曰：“由也升堂矣，未入于室也。”

——《论语·先进》

2. 宗月大师

⊙老　舍

在我小的时候，我因家贫而身体很弱。我九岁才入学。因家贫体弱，母亲有时候想叫我去上学，又怕我受人家的欺侮，更因交不上学费，所以一直到九岁我还不识一个字。说不定，我会一辈子也得不到读书的机会。因为母亲虽然知道读书的重要，可是每月间三四吊钱的学费，实在让她为难。母亲是最喜脸面的人。她迟疑不决，光阴又不等待着任何人，荒来荒去，我也许就长到十多岁了。一个十多岁的贫而不识字的孩子，很自然地去做个小买卖——弄个小筐，卖些花生、煮豌豆，或樱桃什么的。要不然就是去学徒。母亲很爱我，但是假若我能去做学徒，或提篮沿街卖樱桃而每天赚几百钱，她或者就不会坚决地反对。穷困比爱心更有力量。

有一天刘大叔偶然地来了。我说“偶然地”，因为他不常来看我们。他是个极富的人，尽管他心中并无贫富之别，可是他的财富使他终日不得闲，几乎没有工夫来看穷朋友。一进门，他看见了我。“孩子几岁了？上学没有？”他问我的母亲。他的声音是那么洪亮（在酒后，他常以学喊俞振庭的《金钱豹》自傲），他的衣服是那么华丽，他的眼是那么亮，他的脸和手是那么白嫩肥胖，使我感到我大概是犯了什么罪。我们的小屋，破桌凳，土炕，几乎禁不住他的声音的震动。等我母亲回答完，刘大叔马上决定："明天早上我来，带他上学，学钱、书籍，大姐你都不必管！"我的心跳起多高，谁知道上学是怎么一回事呢！

第二天，我像一条不体面的小狗似的，随着这位阔人去入学。学校是一家改良私塾，在离我的家有半里多地的一座道士庙里。庙不甚大，而充满了各种气味：一进山门先有一股大烟味，紧跟着便是糖精味（有一家熬制糖球糖块的作坊），再往里，是厕所味，与别的臭味。学校是在大殿里。大殿两旁的小屋住着道士，和道士的家眷。大殿里很黑、很冷。神像都用黄布挡着，供桌上摆着孔圣人的牌位。学生都面朝西坐着，一共有三十来人。西墙上有一块黑板——这是"改良"私塾。老师姓李，一位极死板而极有爱心的中年人。刘大叔和李老师"嚷"了一顿，而后叫我拜圣人及老师。老师给了我一本《地球韵言》和一本《三字经》。我于是，就变成了学生。

自从做了学生以后，我时常地到刘大叔的家中去。他的宅子有两个大院子，院中几十间房屋都是出廊的。院后，还有一座相当大的花园。宅子的左右前后全是他的房屋，若是把那些房子齐齐地排起来，可以占半条大街。此外，他还有几处铺店。每逢我去，他必招呼我吃饭，或给我一些我没有看见过的点心。他决不以我为一个苦孩子而冷淡我，他是阔大爷，但是他不以富傲人。

在我由私塾转入公立学校去的时候，刘大叔又来帮忙。这时候，他的财产已大半出了手。他是阔大爷，他只懂得花钱，而不知道计算。人们吃他，他甘心叫他们吃；人们骗他，他付之一笑。他的财产有一部分是卖掉的，也有一部分是被人骗了去的。他不管，他的笑声照旧是洪亮的。

到我在中学毕业的时候，他已一贫如洗，什么财产也没有了，只剩了那个后花园。不过，在这个时候，假若他肯用用心思，去调整他的产业，他还能有办法叫自己丰衣足食，因为他的好多财产是被人家骗了去的。可是，他不肯去请律师。贫与富在他心中是完全一样的。假若在这时候，他要是不再随便花钱，他至少可以保住那座花园，和城外的地产。可是，他好善。尽管他自己的儿女受着饥寒，尽管他自己受尽折磨，他还是去办贫儿学校、粥厂等慈善事业。他忘了自己。就是在这个时候，我和他过往得最密。他办贫儿学校，我去做义务教师。他施舍粮米，我去帮忙调查及散放。在我的心里，我很明白：放粮放钱不过只是延长贫民的受苦难的日期，而不足以阻拦住死亡。但是，看刘大叔那么热心，那么真诚，我就顾不得和他辩论，而只好也出点力了。即使我和他辩论，我也不会得胜，人情是往往能战败理智的。

在我出国以前，刘大叔的儿子死了。而后，他的花园也出了手。他入庙为僧，他每日一餐，入秋还穿着件夏布道袍。这样苦修，他的脸上还是红红的，笑声还是洪亮的。对佛学，他有多么深的认识，我不敢说。我却真知道他是个好和尚，他知道一点便去做一点，能做一点便做一点。他的学问也许不高，但是他所知道的都能见诸实行。

出家以后，他不久就做了一座大寺的方丈。可是没有好久就被驱除出来。他是要做真和尚，所以他不惜变卖庙产去救济苦人。庙里不要这种方丈。一般地说，方丈的责任是要扩充庙产，而不是救苦救难的。离开大寺，他到一座没有任何产业的庙里做方丈。他自己既没有钱，他还须天天为僧众们找到斋吃。同时，他还举办粥厂等慈善事业。他穷，他忙，他每日只进一顿简单的素餐，可是他的笑声还是那么洪亮。他的庙里不应佛事，赶到有人来请，他便领着僧众给人家去唪真经，不要报酬。他整天不在庙里，但是他并没忘了修持；他持戒越来越严，对经义也深有所获。他白天在各处筹钱办事，晚间在小室里做功夫。谁见到这位破和尚也不曾想到他曾是个在金子里长起来的阔大爷。

去年，有一天他正给一位圆寂了的和尚念经，他忽然闭上了眼，就坐化了。火葬后，人们在他的身上发现许多舍利。

没有他，我也许一辈子也不会入学读书。没有他，我也许永远想不起帮助别人有什么乐趣与意义。

他是宗月大师。

（有删节）

3. 我的老师

⊙魏　巍

最使我难忘的，是我小学时候的女教师蔡芸芝先生。

现在回想起来，她那时有十八九岁。右嘴角边有榆钱大小一块黑痣。在我的记忆里，她是一个温柔和美丽的人。

她从来不打骂我们。仅仅有一次，她的教鞭好像要落下来，我用石板一迎，教鞭轻轻地敲在石板边上，大伙笑了，她也笑了。我用儿童的狡猾的眼光察觉，她爱我们，并没有存心要打的意思。孩子们是多么善于观察这一点啊。

在课外的时候，她教我们跳舞，我现在还记得她把我扮成女孩子表演跳舞的情景。

在假日里，她把我们带到她的家里和女朋友的家里。在她的女朋友的园子里，她还让我们观察蜜蜂；也是在那时候，我认识了蜂王，并且平生第一次吃了蜂蜜。

她爱诗，并且爱用歌唱的音调教我们读诗。直到现在我还记得她读诗的音调，还能背诵她教我们的诗：

圆天盖着大海，

黑水托着孤舟，

远看不见山，

那天边只有云头，

也看不见树，

那水上只有海鸥……

今天想来，她对我的接近文学和爱好文学，是有着多么有益的影响！

像这样的教师，我们怎么会不喜欢她，怎么会不愿意和她亲近呢？我们见了她不由地就围上去。即使她写字的时候，我们也默默地看着她，连她握铅笔的姿势都急于模仿。

有一件小事，我不知道还值不值得提它，但回想起来，在那时却占据过我的心灵。我父亲那时候在军阀部队里。好几年没有回来，我跟母亲非常牵挂他，不知道他的死活。我的母亲常常站在一张褪了色的神像面前焚起香来，把两个有象征记号的字条卷着埋在香炉里，然后磕了头，抽出一个来卜问吉凶。我虽不像母亲那样，也略略懂了些事。可是在孩子群中，我的那些小“反对派”们，常常在我的耳边猛喊：“哎哟哟，你爹回不来了哟，他吃了炮子儿啰！”那时的我，真好像死了父亲似的那么悲伤。这时候蔡老师援助了我，批评了我的“反对派”们，还写了一封信劝慰我，说我是“心清如水的学生”。一个老师排除孩子世界里的一件小小的纠纷，是多么平常；可是回想起来，那时候我却觉得是给了我莫大的支持！在一个孩子的眼睛里，他的老师是多么慈爱，多么公平，多么伟大的人啊。

每逢放假的时候，我们就更不愿离开她。我还记得，放假前我默默地站在她的身边，看她收拾这样那样东西的情景。蔡老师！我不知道你当时是不是察觉，一个孩子站在那里，对你是多么的依恋！至于暑假，对于一个喜欢他的老师的孩子来说，又是多么漫长！记得在一个夏季的夜里，席子铺在当屋，旁边燃着蚊香，我睡熟了。不知道睡了多久，也不知道是夜里的什么时辰，我忽然爬起来，迷迷糊糊地往外就走。母亲喊住我：

“你要去干什么？”

“找蔡老师……”我模模糊糊地回答。

“不是放暑假了吗？”

哦，我才醒了。看看那块席子，我已经走出六七尺远。母亲把我拉回来，劝说了一会儿，我才睡熟了。我是多么想念我的蔡老师啊！至今回想起来，我还觉得这是我记忆中的珍宝之一。一个孩子的纯真的心，就是那些在热恋中的人们也难比啊！什么时候，我能再见一见我的蔡老师呢？

可惜我没有上完初小，就转到县立五小上学去了，从此，我就和蔡老师分别了。

4. 我最好的老师

⊙〔美国〕戴维·欧文

惠特森先生教六年级科学课。第一天上课，他给我们讲了一种叫作卡帝万博斯的动物，这种适应性差的夜行动物在冰河时代就灭绝了。他一边讲解，一边让我们传看一个头盖骨。我们都记着笔记，随后做了一个测验。

当他发回试卷的时候，我震惊了。我所有的答案上都是一个大大的红“×”，我没及格。一定是弄错了！惠特森先生讲的我都准确地记下来了。后来我发现班级里所有同学都不及格。这是怎么回事？

惠特森先生解释说，原因很简单。他杜撰了卡帝万博斯的资料，世上从来就不存在这种动物。因此，我们笔记中记的都是错的。我们能指望错误的答案来获得分数吗？

不用多说，我们都义愤填膺。这算什么考试！还有，这是什么老师！

惠特森先生说，我们应该弄清楚的。因为在他给我们传看卡帝万博斯头盖骨（实际上是猫的）的时候，他就一直在告诉我们这种动物没有任何痕迹保留下来。但他描述了这种动物惊人的夜视能力，皮毛的颜色以及其他事实——这些他是不可能知道的。他给这个动物起了个荒谬的名字，而我们却毫不怀疑。他说，我们试卷上的零分会记录在成绩册里，他也的确这样做了。

惠特森先生说，希望我们能从这次经历中有所收获。教师和教科书不是绝对无错的。事实上，没有人是绝对无错的。他告诉我们，不要让自己的思维休息，如果我们觉得他或者教科书是错的，就要大声说出来。

惠特森先生的每一节课都很新奇。有些科学课，我甚至现在还能从头到尾清晰地记得。有一天，他告诉我们，他的汽车是个有机体。我们整整花了两天的时间准备了一场辩论，最终才让他服输。直到我们证明了自己不但知道什么是有机体，而且还具有坚持真理、不屈不挠的精神，他才让我们过了关。

我们把全新的怀疑论带入所有课堂。这给其他老师们带来了麻烦，他们不习惯受到挑战。我们的历史老师滔滔不绝的时候，下面会有清嗓子的声音，有人会说："卡帝万博斯。"

如果让我给学校存在的一些问题提出一个解决方案，那就是采用惠特森先生的方式教学。

我虽然没有任何伟大的科学发现，但是，惠特森先生的课教给了我和同学们同样重要的东西：面对他人的错误，要勇敢地指出来。他还让我们感受到了这样做的趣味。

不是所有人都能明白惠特森先生这样做的价值。我曾经对一个小学老师讲过惠特森先生的事儿。那个老师被惊得目瞪口呆，他说："他不应该那样戏弄你们。"

我直视着那个老师的眼睛，然后告诉他："你错了。"

（刘彦志/译）

5. 轮椅上的梦（节选）

⊙张海迪

我那时很喜欢画房子，无论去哪里，都要带上我的十二色蜡笔。大人看见我画的房子都说我画得好，他们有的说，长大了当建筑师吧。我很想见到一个建筑师，看看他画的房子。我画的房子都是我自己想象出来的，实际上有没有那种形状的房子我不知道，我只是按照自己的意愿画，想怎么画就怎么画。我画的大多是楼房，楼都很高，有的楼顶飘着云彩。我开始画高楼的时候，我的腿已经不能走路了。我后来想，假如我从来没有病，也许就不会喜欢画高楼了。那一天，我从病床上坐起来，以为很快就能回家了，可医生说我还得再住下去。我害怕病房，病房里太安静，墙壁白得刺眼，还有一种可怕的气味，后来一闻到那种味儿，我就知道又要打针吃药，进手术室了。我总想逃跑，还想过黑夜里逃跑。得病之前我曾经从家里逃跑过，妈妈不让我自己上街，她说我还小。可我很想去，有一次，趁妈妈不注意，我偷偷跑了，我在大街上闲逛，还跑进商店里看玩具，天黑了我才想起回家。我累得走不动了，坐在地上，倚着一根电线杆睡着了……那时候，我还不喜欢画画，只想到处乱跑。在医院，我整天不是躺着就是坐着，我烦得常常大声尖叫。开始，护士一听我叫就赶紧跑来，怎么啦怎么啦？她们总是一脸慌张。后来她们就不紧张了。每次我发疯似的叫，她们就说，别着急，过几天就让你出院啦。可我不听，谁也无法让我安静。想不起又过了多久，我终于回家了。爸爸给我买了一盒蜡笔，还有图画本。我安静下来，开始画房子，一张又一张。我画的楼房里很热闹，每一层都有很多人。其实我的四周平时没有人，只有一只白猫。我很想跟人们说话，可我只能给自己说话。在我的记忆中有很多孩子跟我说话，我曾和他们在一起疯跑疯闹。离开他们，我在神经科病房里见到的几乎都是昏迷不醒的孩子，他们偶尔也说话，是说胡话，发出模糊不清的声音。我觉得很丧气，就回想那些和我说过话的孩子。可我那时总爱跟女孩儿吵架，我们互相翻白眼。我从不和男孩儿吵架，有一次我在火车上见过一个会拉小提琴的男孩子，他一路总是对我笑，说实话，我很想再见到他。

有一天，爸爸说我们就要搬家了，搬到一幢楼房里。我找出很久不用的蜡笔，画了一幢红色的楼房，楼上的每扇窗子都是敞开的，一个个孩子从窗口露出笑脸。我在楼前画了一个穿花裙子的女孩儿，她正扬起胳膊向新朋友问好，楼上楼下洋溢着一片温馨友好的气氛。我在楼房四周画满了奇异的花草。我毫不吝惜地把彩色蜡笔尽情涂抹在那些花草和女孩子的花衣裙上，还给每个孩子都涂上两个火红的脸蛋儿。

我们的新家真的是一幢红色楼房，虽然不像我画中的楼房那样花团锦簇，却比我画的端正和坚固得多。楼前有一排青青的柳树，树下是连成一片的绿草，几只洁白的鸽子正在草坪上悠闲地踱来踱去，还不时发出咕咕的叫声。我抬眼看看，楼上有很多窗子，可那些窗子几乎都关着，有的还拉着窗帘，把我的画中的孩子遮挡得无影无踪。

我的窗外有一棵柳树，几只小麻雀正在枝头上蹦跳着，叽叽喳喳地吵闹着。猫弟弟一进门就注意到它们了，它敏捷地跳到窗台上，圆圆的眼睛紧盯着小麻雀，射出贪婪的光。它翘起胡子呜呜地叫着，像只笼中虎似的来回踱着，对那些快乐的小鸟大耍威风。小麻雀们对这个突然出现的暴君很惧怕，在它还没有发起进攻前便一哄而散，逃走了。猫弟弟不甘心地伸长脖子东瞧西看，确信小麻雀们不再回来时，就扫兴地甩甩尾巴跳下窗台，懒懒地蜷到我的枕边做梦去了。我嘟哝猫弟弟，怪它一进门就把小鸟赶走了。

窗外几只鸽子还在不停地咕咕叫着，我趴在窗台上，看着它们，它们说什么？咕咕咕咕，咕咕咕咕……后来我恍惚看见一群孩子拥到窗边，他们七嘴八舌地对我说什么，我跑出去，和他们手拉手围成一个圆圈，又唱又跳。那群鸽子拍着翅膀飞起来，在我们的头顶盘旋。我们的歌声很响亮，节奏很整齐，我觉得还有一阵叮叮咚咚的钢琴声。

我猛地睁开眼睛。

夜幕早已低低垂落，琴声却真的在响，真的是钢琴。一支美妙的琴曲飘荡着，忽而柔曼似水，忽而声震如钟，忽而又仿佛携来习习清风。于是，月儿像游船，缓缓浮上夜的黑海，星儿像灯标，静静地闪烁在无边的夜空……我觉得心里仿佛荡漾开一片柔和的清波。

忽然，琴声一转，节奏变得明快起来，并且总是围绕着一个旋律回响。正在睡觉的猫弟弟醒了，它机灵地竖起耳朵，眼睛也瞪圆了，先是倾听片刻，随即一跃跳下床，在地上来回奔跑着，撒起欢儿来。拴在它尾巴上的小铜铃发出丁零零的响声，它被铃声吸引着，一刻不停地蹦跳着，打着转转又扑又捉，可它怎么也捉不住自己的尾巴。看着它摇头摆尾，又笨又可爱的样子，我忍不住笑起来。我发现这铃声和着跳动的琴曲竟是那么和谐，我真想知道，隔壁是谁在弹琴。

《论语》成语集萃（修身篇一）

任重道远

【释义】担子重，路途远，比喻责任重大，要经历长期艰苦奋斗。

【出处】曾子曰："士不可以不弘毅，任重而道远。仁以为己任，不亦重乎？死而后已，不亦远乎？"

——《论语·泰伯》

以德报怨

【释义】用恩惠回报别人的怨恨。

【出处】或曰："以德报怨，何如？"子曰："何以报德？以直报怨，以德报德。"

——《论语·宪问》

6. 我的梦想

⊙史铁生

也许是因为人缺了什么就更喜欢什么吧，我的两条腿一动不能动，却是个体育迷。我不光喜欢看足球、篮球等各种球类比赛，也喜欢看田径、游泳、拳击、滑冰、滑雪、自行车和汽车比赛，总之我是个全能体育迷。当然都是从电视里看，体育馆场门前都有很高的台阶，我上不去。如果这一天电视里有精彩的体育节目，好了，我早晨一睁眼就觉得像过节一般，一天当中无论干什么心里都想着它，一分一秒都过得愉快。有时我也怕很多重大比赛集中在一天或几天（譬如刚刚闭幕的奥运会），那样我会把其他要紧的事都耽误掉。

其实我是第二喜欢足球，第三喜欢文学，第一喜欢田径。我能说出所有田径项目的世界纪录是多少，是由谁保持的，保持的时间长还是短。譬如说男子跳远纪录是由比蒙保持的，20 年了还没有人能破；不过这事不大公平，比蒙是在地处高原的墨西哥城跳出这八米九零的，而刘易斯在平原跳出的八米七二事实上比前者还要伟大，但却不能算世界纪录。这些纪录是我顺便记住的，田径运动的魅力不在于纪录，人反正是不能和上天作对的；但人的力量、意志和优美却能从那奔跑与跳跃中得以充分展现，这才是它的魅力所在，它比任何舞蹈都好看，任何舞蹈跟它比起来都显得矫揉造作甚至故弄玄虚。也许是我见过的舞蹈太少了。而你看刘易斯或者摩西跑起来，你会觉得他们是从人的原始中跑来，跑向无休止的人的未来，全身如风似水般滚动的肌肤就是最自然的舞蹈和最自由的歌。

我最喜欢并且羡慕的人就是刘易斯。他身高一米八八，肩宽腿长，像一头黑色的猎豹，随便一跑就是十秒以内，随便一跳就在八米开外，而且在最重要的比赛中他的动作也是那么舒展、轻捷、富于韵律；绝不像流行歌星们的唱歌，唱到最后总让人怀疑这到底是要干什么。不怕读者诸君笑话，我常暗自祈祷上苍，假若人真能有来世，我不要求别的，只要求有刘易斯那样一副身体就好。我还设想，那时的人又会普遍比现在高了，因此我至少要有一米九以上的身材；那时的百米速度也会普遍比现在快，所以我不能只跑九秒九儿。作小说的人多是白日梦患者。好在这白日梦并不令我沮丧，我是因为现实的这个史铁生太令人沮丧，才想出这法子来给他宽慰与向往。我对刘易斯的喜爱和崇拜与日俱增。相信他是世界上最幸福的人。我想若是有什么办法能使我变成他，我肯定不惜一切代价；如果我来世能有那样一个健美的躯体，今天这一身残病的折磨也就得到了足够的报偿。

奥运会上，约翰逊战胜刘易斯的那个中午我难过极了，心里别别扭扭别别扭扭地一直到晚上，夜里也没睡好觉。眼前老翻腾着中午的场面：所有的人都在向约翰逊欢呼，所有的旗帜与鲜花都向约翰逊挥舞，浪潮般的记者们簇拥着约翰逊走出比赛场，而刘易斯被冷落在一旁。刘易斯当时那茫然若失的目光就像个可怜的孩子，让我一阵阵心疼。一连几天我都闷闷不乐，总想着刘易斯此时会怎样痛苦，不愿意再看电视里重播那个中午的比赛，不愿意听别人谈论这件事，甚至替刘易斯嫉妒着约翰逊，在心里找很多理由向自己说明还是刘易斯最棒；自然这全无济于事，我竟似比刘易斯还败得惨，还迷失得深重。这岂不是怪事吗？在外人看来这岂不是发精神病吗？我慢慢去想其中的原因。是因为一个美的偶像被打碎了吗？如果仅仅是这样，我完全可以惋惜一阵再去竖立起约翰逊嘛，约翰逊的雄姿并不比刘易斯逊色。是因为我这人太恋旧，骨子里太保守吗？可是我非常明白，后来者居上是最应该庆祝的事。或者是刘易斯没跑好让我遗憾？可是九秒九二是他最好的成绩。到底为什么呢？最后我知道了：我看见了所谓“最幸福的人”的不幸，刘易斯那茫然的目光使我的“最幸福”的定义动摇了继而粉碎了。上天从来不对任何人施舍“最幸福”这三个字，他在所有人的欲望前面设下永恒的距离，公平地给每一个人以局限。如果不能在超越自我局限的无尽路途上去理解幸福，那么史铁生的不能跑与刘易斯的不能跑得更快就完全等同，都是沮丧与痛苦的根源。假若刘易斯不能懂得这些事，我相信，在前述那个中午，他一定是世界上最不幸的人。

在百米决赛后的第二天，刘易斯在跳远比赛中跳出了八米七二，他是个好样的。看来他懂，他知道奥林匹斯山上的神火为何而燃烧，那不是为了一个人把另一个人战败，而是为了有机会向诸神炫耀人类的不屈，命定的局限尽可永在，不屈的挑战却不可须臾或缺。我不敢说刘易斯就是这样，但我希望刘易斯是这样，我一往情深地喜爱并崇拜这样一个刘易斯。

这样，我的白日梦就需要重新设计一番了。至少我不再愿意用我领悟到的这一切，仅仅去换一个健美的躯体，去换一米九以上的身高和九秒七九乃至九秒六九的速度，原因很简单，我不想在来世的某一个中午成为最不幸的人；即使人可以跑出九秒五九，也仍然意味着局限。我希望既有一个健美的躯体又有一个了悟了人生意义的灵魂，我希望二者兼得。但是，前者可以祈望上天的恩赐，后者却必须在千难万苦中靠自己去获取——我的白日梦到底该怎样设计呢？千万不要说，倘若二者不可兼得你要哪一个？不要这样说，因为人活着必要有一个最美的梦想。

后来知道，约翰逊跑出了九秒七九是因为服用了兴奋剂。对此，我们该说什么呢？我在报纸上见了这样一个消息，他的牙买加故乡的人们说："约翰逊什么时候愿意回来，我们都会欢迎他，不管他做错了什么事，他都是牙买加的儿子。"这几句话让我感动至深。难道我们不该对灵魂有了残疾的人，比对肢体有了残疾的人，给予更多的同情和爱吗？

7. 奋斗是为了等待一朵花的开放

⊙清　心

自生下来，她就患了“婴儿型脊髓性肌萎缩”。这是一种由常染色体感染导致的遗传性疾病。病魔潜伏在人体基因里，导致四肢残疾。更可怕的是，随着年龄的增长，病人往往会发生吞咽困难，最终因呼吸肌麻痹而窒息死亡。

北方的六月，草绿得青翠，花开得热闹。然而，她却只能歪着头，浑身无力地陷在轮椅里。医生断定她不会活过 30 岁。年轻的生命，尚未成长，便开始了残酷的倒计时。

长着一双手，却不能洗脸刷牙，也不能梳头穿衣，甚至连最基本的大小便，亦无法自理。眼看着母亲累弯了腰，愁白了发，她的心，山呼海啸般疼痛着，却亦是枉然。

她无数次地问自己，你什么时候才能不再拖累妈妈呢？黯淡的夜，恍若梦境。弦月在空中伶仃地悬挂着，瘦得让人心疼。偶然闪烁的星光，似梦想在眨眼睛。她千遍万遍地幻想着双脚站在地上的感觉。一边想，一边难过。清冷的泪，洇湿了开满红牡丹的枕巾。

长大些，极懂事的她，不再奢望自己能站起来。她想，生命如此短暂，我要跟死神赛跑，珍惜每一个屈指可数的日子。

没有读过一天书的她，在母亲的辅导下，自学了小学到中学的全部语文课程。接着，她又阅读了能够找到的、古今中外的所有文学作品。一次偶然的机会，她认识了文学编辑赵泽华。自此，在赵老师的鼓励和帮助下，似久旱逢甘霖，她痴痴地迷上了写作。十八岁那年，她的处女作《春恋秋》被《中国残疾人》杂志刊用在卷首。此后，她的散文、诗歌、小说等作品陆续在《中国青年》《三月风》等全国各大刊物上发表。2002 年 7 月，她的自传体散文《命运是海，我是帆》在中国残疾人杂志社和中央人民广播电台联合举办的“生命礼赞”征文中获得了一等奖。

为了减轻母亲的负担，女孩决定赚钱养活自己。于是，她排除万难，开了一家书报亭。每天早晨，母亲推着轮椅把她送过去。朝霞中，她绽放的笑脸，似路旁盛放的鲜花，清婉香彻。这个坐在轮椅里的女孩，唇红齿白，妆容精致，一头乌发，如瀑泻落在肩头。但凡相遇的人，都会情不自禁地回头看她。目光里，不仅仅有同情，更含了许多欣赏和敬意。

她这样的状况，能活下来已属不易，没有人在装束上过多地要求她。她却从不允许自己邋遢半分。她说，每个人，都是人世间的一抹风景。我要尽量让自己美丽些，再美丽些。每天出门前，她都要艰难地配合着母亲，将头发梳理整齐，再画上弯弯的两道眉，然后，在苍白的唇上，涂上自己喜爱的玫瑰色口红。她一年四季，都穿艳丽的长裙。更多的时候，她会让母亲，给那双不会走路的脚，套上精美的小靴子。靴子很便宜，却一定是她欢喜的大红色。靴尖上，镶着闪闪发亮的水钻，在阳光下反射出炫目的光来，竟生出煞人的惊艳。

文章发表后，她常会收到读者的来信。多的时候，一天竟收到了 103 封。由于精力有限，她无法一一回复。于是，她自费开通了“倾诉热线”。每天晚上，她都躺在床上，倾听每一位朋友的心灵私语。那宛若天籁的温柔女声，不知慰藉了多少因各式各样的遭遇，而浸泡在痛苦中的心灵。

她的右手不能动，只有左手可以稍稍活动一点儿。写作时，她只能将笔用皮筋捆在左手腕上。即便如此，她与姐姐仍是歪歪扭扭地合作完成了 15 万字的自传体随笔集《生命从明天开始》。这本书，在 2005 年，由朝华出版社出版。签售时，盛况空前。

她叫心曼。一个有着干净笑容、清澈眼神以及美丽心灵的女子。她在身体重度残疾的情况下，硬是通过不懈的努力，让自己在没有成长土壤的石缝中，开出了艳丽的花朵。如今，心曼已经 32 岁，超越了医生定下的死亡界限。现在，她与姐姐合写的第二本书，是关于爱情的长篇小说，书名叫《如果我能站起来吻你》，已由海迪姐姐作了序，即将出版。另外，心曼说自己还有一个愿望，就是想做一次电视节目主持人。

接受访谈时，面对亿万观众，心曼银铃般的笑声，似晴日环山的水流，是从心里淌出来的。主持人问：“遭遇这样的命运，你一定觉得很苦吧？”她却摇头：“不，恰恰相反，我觉得自己的日子过得很甜。我的身体虽然残疾了，却遇到了赵泽华、张越、路一鸣、海迪姐姐等那么多愿意帮助我的人。这么多年，我一直活在爱里，活在对生命永不放弃的希望里。这些都是幸福的理由啊！”

是啊，心曼说得对，幸福是需要理由的。当你为自己找到这些理由时，内心就会步步生莲花。人生所有的奋斗，不就是为了等待一朵花的开放吗？而心曼的生命之花，已经灿烂地盛开了……

《论语》成语集萃（修身篇二）

见利思义

【释义】遇到利益时，要考虑它是否合乎道义。

【出处】子曰：“见利思义，见危授命，久要不忘平生之言，亦可以为成人矣。” ——《论语·宪问》

安老怀少

【释义】尊重老人，使其安逸；关怀年轻人，使其信服。形容使人民生活安定。

【出处】子路曰：“愿闻子之志。”子曰：“老者安之，朋友信之，少者怀之。” ——《论语·公冶长》

己所不欲，勿施于人

【释义】自己不愿意的，不要强加给别人。

【出处】子曰：“己所不欲，勿施于人。在邦无怨，在家无怨。” ——《论语·颜渊》

圣贤之道

孔子是儒家学说的创始人，被后人尊称为“圣人”“至圣先师”。他的思想成为中国两千多年传统文化的主流，不仅影响着中国，也影响着整个世界。《论语》首创语录体，真实地记述了孔子及其弟子的言行，集中反映了儒家思想，是中国传统文化核心典籍之一。学习《论语》，有助于我们更好地继承和发扬中华优秀传统文化；阅读与孔子相关的文章，我们会沐浴着伟大圣贤的思想和智慧成长。

阅读本单元文章，要结合注释和工具书了解词句含义，整体感知文章大意。要反复诵读，积累关于为学、修身的关键语句，学习圣贤之道。还要结合孔子生平与思想的相关介绍，感受古代思想家的人格魅力；适当联系现实生活，思考孔子思想的现代价值。

1.《论语》六章（为学）

⊙《论语》

（一）子曰："吾尝终日不食、终夜不寝以思，无益，不如学也。"（《卫灵公》）

（二）子夏曰："日知其所亡，月无忘其所能，可谓好学也已矣。"（《子张》）

（三）子曰："默而识[①]之，学而不厌，诲[②]人不倦，何有于我哉？"（《述而》）

（四）子曰："吾与回[③]言终日，不违，如愚。退[④]而省[⑤]其私[⑥]，亦足以发，回也不愚。"（《为政》）

（五）子曰："君子食无求饱，居无求安，敏于事而慎于言，

---

① 识（zhì）：记住。

② 诲：教诲，教导。

③ 回：颜回，字子渊，孔子的门生。

④ 退：从老师那里退下。

⑤ 省（xǐng）：观察。

⑥ 私：私语，指颜回与别人私下讨论。

就有道[①]而正[②]焉，可谓好学也已。”　　（《学而》）

（六）子贡曰：“贫而无谄，富而无骄，何如？”子曰：“可也，未若贫而乐，富而好礼者也。”子贡曰：“《诗》云：‘如切如磋，如琢如磨。[③]’其斯之谓与？”子曰：“赐[④]也，始可与言《诗》已矣，告诸往而知来者[⑤]。”　　（《学而》）

译文

（一）孔子说：“我曾经整天不吃饭、整夜不睡觉去思考，没有益处，还不如去学习。”

（二）子夏说：“每天学到一些过去所不知道的东西，每月复习已经学会的东西，这就可以称得上好学了。”

（三）孔子说：“把所见所闻默默地记在心里，努力学习而不满足，教导别人而不知疲倦，这些事情我做到了多少呢？”

（四）孔子说：“我整天向颜回讲学，他从不提出异议和疑问，像个蠢笨的人。但是他回去后，我观察他私下同别人讨论，发现他对我讲授的知识能有所发挥，颜回并不蠢笨啊。”

（五）孔子说：“君子饮食不要求饱足，居住不要求舒适，对工作勤劳敏捷，说话却小心谨慎，到有道的人那里去匡正自己，这样就可以

---

① 有道：指有道德、有学问的人。

② 正：匡正，端正。

③ 如切如磋，如琢如磨：出自《诗经·卫风·淇奥》。意思是：好比加工象牙，切了还得磋，使其更加光滑；好比加工玉石，琢了还要磨，使其更加细腻。

④ 赐：子贡的名。孔子对学生一般都称名。

⑤ 来者：未来的事，这里借喻为未知的事。

说是好学了。”

（六）子贡说：“贫穷却不巴结奉承，富贵却不骄傲自大，怎么样？”孔子说：“可以啊，但不如虽贫穷却仍然快快乐乐，富贵却谦虚好礼。”子贡说：“《诗经》上说：‘要像骨角、象牙、玉石等的加工一样，经过切磋琢磨。’就是讲的这个意思吧？”孔子说：“赐呀，现在可以同你讨论《诗经》了，告诉你以往的事，你能因此而知道未来的事。”

学习提示

“半部《论语》治天下”，《论语》作为儒家经典，内容博大精深，包罗万象。文中所选六章围绕“为学之道”展开，有的讲端正学习态度，有的讲改进学习方法……仔细阅读，我们能感受到先贤的思想光辉和不朽的人格魅力。《论语》是两千多年前的经典著作，读一读，想一想，它能够经久不衰的原因是什么？

学习时要反复诵读，借助注释和工具书读懂文意；把握重点词语的含义和句式的特点，能迁移运用所学的文言知识。

2.《论语》六章（修身）

⊙《论语》

（一）子曰：“知者不惑，仁者不忧，勇者不惧。”（《子罕》）

（二）子曰：“质胜文则野，文胜质则史。文质彬彬①，然后君子。”

（《雍也》）

（三）子曰：“见贤②思齐③焉，见不贤而内自省④也。”

（《里仁》）

（四）子贡曰：“君子之过也，如日月之食焉。过也，人皆见之；更也，人皆仰之。”（《子张》）

---

① 文质彬（bīn）彬：文采与质朴兼备。

② 贤：贤人，有贤德的人。

③ 齐：看齐。

④ 省：反省，检查。

（五）子曰：“人而无信[①]，不知其可也。大车无輗[②]，小车无軏[③]，其何以行之哉？”（《为政》）

（六）子曰：“岁寒，然后知松柏之后凋[④]也。”（《子罕》）

译文

（一）孔子说：“有智慧的人不会迷惑，仁义的人不会忧愁，勇敢的人不会畏惧。”

（二）孔子说：“质朴多于文采就难免显得粗野，文采超过了质朴又难免流于虚浮。文采和质朴完美地结合在一起，这才能成为君子。”

（三）孔子说：“看见贤人就应该想着向他看齐，见到不贤的人就要反省自己有没有类似的毛病。”

（四）子贡说：“君子的过失，就像日食和月食一样。有过错时，人人都看得见；他改正了，人人都敬仰他。”

（五）孔子说：“一个人如果不讲信誉，真不知他怎么可以行事。就像大车没有了安横木的輗，小车没有了安横木的軏，怎么能行驶呢？”

（六）孔子说：“到了寒冷的季节，才知道松柏是最后凋零的。”

---

①信：信誉。

②輗（ní）：大车辕端与衡相接处的关键。

③軏（yuè）：置于车辕前端与车横木衔接处的销钉。

④凋：凋零。

这六章围绕“修身之道”展开，正确理解《论语》中倡导的修身之道，可以帮助我们更好地理解和传承传统文化，提高我们的个人修养。请思考这些修身之道有什么现实意义，以及我们应如何践行这些修身之道。

学习时要反复诵读，结合注释和工具书读懂文意。可以将原文和翻译加以比照，总结出翻译古文的方法。

《论语》成语集萃（处世篇一）

是可忍，孰不可忍

【释义】如果这个都可以容忍，还有什么不可容忍的呢？意思是绝对不能容忍。

【出处】孔子谓季氏：“八佾舞于庭，是可忍也，孰不可忍也？”

——《论语·八佾》

既往不咎

【释义】对过去的错误不再责备。也说“不咎既往”。

【出处】子曰：“成事不说，遂事不谏，既往不咎。”

——《论语·八佾》

1. 子路初见

⊙《孔子家语》

子路初见孔子，子曰："汝何好[①]乐？"对曰："好长剑。"孔子曰："吾非此之问也，徒谓以子之所能，而加之以学问，岂可及哉？"子路曰："学岂益哉也？"孔子曰："夫人君而无谏臣则失正，士而无教友则失听。御狂马不释策[②]，操弓不反檠[③]。木受绳[④]则直，人受谏则圣。受学重问，孰不顺成？毁仁恶士[⑤]，必近于刑[⑥]。君子不可不学。"子路曰："南山有竹，不揉自直，斩而用之，达于犀革[⑦]。以此言之，何学之有？"孔

① 好：喜欢。

② 不释策：不舍弃马鞭。

③ 操弓不反檠（qíng）：正在拉开的弓箭不能用檠来校正。檠，用来校正弓的工具。

④ 受绳：依据墨绳。

⑤ 毁仁恶士：毁弃仁义，厌恶读书人。

⑥ 刑：刑罚。

⑦ 达于犀革：射穿犀牛皮。

子曰："栝而羽之[1]，镞[2]而砺[3]之，其入之不亦深乎？"子路再拜曰："敬而受教。"

译文

子路第一次拜见孔子的时候，孔子说："你喜欢做什么事情啊？"子路回答说："我喜欢长剑。"孔子说："我不是问你这个，我是说以你的能力，再加上刻苦学习，别人难道能赶得上你吗？"子路说："通过学习难道会变得更好吗？"孔子说："国君如果没有敢于直言进谏的臣子就会失去正道，读书人如果没有能教导他的朋友就听不到全面的评价。驾驭没有驯服的狂马就不能舍弃马鞭子，正在拉开的弓箭不能用檠来校正。木料依据墨绳校正就能笔直，人能接受意见就不失圣贤的智慧。接受知识，重视学问，谁能不顺利成功呢？毁弃仁义，厌恶读书人，一定会受到刑罚。因此，君子不可以不学习。"子路说："南山有竹子，不用矫正自然笔直，砍下来做箭杆，能够射穿犀牛皮。根据这个现象来说，哪里用得上学习呢？"孔子说："给做好的箭栝装上箭羽，将箭头打磨锋利，这样再使用不是能射得更深吗？"子路再次拜谢说："我恭敬地接受您的教导。"

---

① 栝（guā）而羽之：给箭末扣弦的地方装上羽毛。栝，箭尾扣弦的地方。羽，羽毛，这里用作动词，指装上羽毛。

② 镞（zú）：箭头。

③ 砺：磨。

2. 孔子世家赞

⊙〔汉〕司马迁

太史公曰：《诗》有之，“高山仰止，景行行止”。虽不能至，然心乡[①]往之。余读孔氏书，想见其为人。适鲁，观仲尼庙堂、车服、礼器，诸生以时习礼其家，余低回留之，不能去云。天下君王至于贤人众矣，当时则荣，没则已焉。孔子布衣，传十余世，学者宗之。自天子王侯，中国言六艺[②]者，折中于夫子，可谓至圣矣！

译文

太史公说：《诗经》上有诗说，“巍峨的高山可以仰望，宽广的大道可以依循前进”。我虽然不能达到这种境界，但是心中一直向往它。我读孔子的书，由推理可以知道他的为人。到了鲁国，看到孔子的祠堂、车子、衣服和礼器，众多的儒生按时到这里来学习礼仪，我徘徊留恋，舍不得离开。天下的君王以及贤人是很多的，他们大多生时很荣耀，死后就湮没无闻了。孔子虽只是一个平民，但他的学说却流传了十几代，读书的人都尊崇他。从天子、王侯起，凡是研究六艺的人，都以孔子的学说作为准则，孔子可以说是道德学问最高尚的人了！

① 乡：通“向”。

② 六艺：指六经，即《诗》《书》《礼》《乐》《易》《春秋》。

3. 没落的贵族和孤苦的幼年

⊙李长之

孔子的祖先原是宋国（在现在河南省、江苏省交界的地方）的贵族，如果再往远里说，他们还是殷代贵族的后代。孔子在临死的时候也曾说自己是殷人呢。

但是，到了孔子的前三四代，由于宋国统治集团的内部倾轧而逃到鲁国（在现在山东省东南部、江苏省西北部）避难的时候，这贵族的世家是日渐没落了。

孔子的父亲叫纥，字叔梁，是鲁国一个职位不大的武官，他很有力气。有一次，几个诸侯国家去攻打一个叫偪阳（在现在山东省枣庄市台儿庄西南）的小国，鲁国也参加了。孔纥就在鲁国的军队中。当他们攻入偪阳城的时候，守城的人把一种闸门放了下来，先入城的队伍眼看就被隔断在城里了，这时孔纥却用双手把闸门一掀，掀起来了，先入城的军队才得以完全退出来。这事发生在公元前 563 年，离孔子出生还有十二年呐。又有一次，孔纥和其他两个鲁国将领，率领三百武士，打退了齐国的侵扰。这事发生在公元前 556 年，离孔子出生只有五年。这就是我们所知道的关于孔子父亲的事迹了。

孔子的母亲姓颜，叫徵在，当孔纥和她结婚的时候，她还很年轻，可是孔纥已经上了岁数了。他们的结合是不符合当时的礼仪的，因此遭到了社会上的奚落。

孔纥和颜徵在很希望得到一个儿子，他们曾在曲阜东南的尼丘山上祷告过。后来他们生了一个男孩，便给这孩子取名叫丘，别名仲尼。这就是后人习惯上尊称的孔子。“仲”是老二的意思，这说明孔纥在和徵在结婚以前有过妻子，而且有过一个儿子了。

孔子出生的这一年是公元前 551 年——周灵王二十一年，鲁襄公二十二年。距现在有二千五百多年的光景。

孔子父母的结合既不十分符合当时的礼制，而当时的礼制又特别沉重地约束着妇女，所以孔子的母亲过着不很称心的日子。孔子也就从小时候起，多懂得了一些人的脸色，多感受到了一些人情的冷暖，于是养成一个谨慎小心的性格，很敏感，很善于应付人，并习惯于遇事有所思索，总之，有点早熟吧。当然，由于孔子后来不断地锻炼，他并没有因此而流入孤僻和冷酷。

可是不幸的是，孔子只有三岁，父亲孔纥便亡故了。他母亲因为舆论的压迫，连丈夫埋葬的地方也一直没有告诉过孔子。那时，他家正从陬邑（在现在山东省曲阜市东南）移居到鲁国的国都曲阜。

孔子小时候得不到什么合适的玩具，他只是爱模仿祭祀，摆上小盘小碗，学着行礼玩儿。这就是他常做的也几乎是唯一的游戏了。

4. 孔子：黑暗王国的残烛（节选）

⊙鲍鹏山

痴人有多种，或因情深而痴，或因智浅而痴，孔子属于前者，而他的很多徒子徒孙，如宋明之际的理学家们，就属于后者了，新儒家们当是等而下之。因情而痴的孔子常常沉湎在过去的怀想之中，“郁郁乎文哉！吾从周！”“逝者如斯夫！”这时，他就是一位抒情者，抒得很动情，很感人。在一个抽象的、冷酷的、沉闷的老子之后，出现一个一往情深、感怀万端的孔子，使我们再次感受到一种温软，一种熨帖，这实在是让我们大大舒了一口气，历史终于在绝望中咧口而哭出了声，一些可怕的心理能量在孔子的歌哭、幽默、感喟中被释放了。孔子使一些无序的暴力变成了有目的、有方向的努力与企望，他使天下英雄入于他的彀中，并带着这些社会精英致力于建构新的理想。当混乱的历史有了理想与方向时，混乱就不再是一无是处，相反，倒往往显示出一种蓬蓬勃勃、生机无穷的魅力。春秋战国时代是一个刀光剑影的时代，一个流血漂卤的时代，一个杀人盈城、杀人盈野的时代，但它不也是一个充满理想、充满激情、充满公理仁德的时代吗？谁开辟了这样的时代？是孔子。非常具有象征意义的是，当孔子和弟子们周游列国的时候，他往往自己驾车——他确实是在驾着这个时代的马车。弟子们在车上或呼呼大睡，或哈欠连天，一脸凄迷与怀疑，只有他永远目光炯炯，自信目标就在前方。

有一次，在一条汤汤而流的小河边，他们又找不到渡口了。远处的水田中有两人在耕作，子路便上前去打问。

其中的一个细高个子却不回答子路的询问，而是反问子路：

“那个执缰绳的人是谁？”

子路恭敬地回答：“是孔丘。”

“是鲁国的那个孔丘吗？”——可见孔子的知名度颇高。

子路答：“是。”

这时细高个冷冷地就来了一句：“既然是鲁国的那个孔丘，他应该知道渡口在哪里嘛。”

没奈何，已经由绿林好汉改邪归正到孔子门下的子路，只能按捺住火气，转过身去问另一位。这一位魁梧雄桀，是个大块头。大块头也反问子路：“你是谁？”

子路仍然是恭敬地回答：“我是仲由。”

“你是孔丘的门徒吗？”

“是。”

现在又轮到大块头来教训子路了：“天下混乱，举世皆然。谁能改变这种局面？我看你身体强壮，是个好庄稼汉。与其跟随孔子这样的避人之士东奔西走，鼓唇摇舌，倒不如跟随我们这些避世之士，躬耕垄亩的好！”

这里我先解释两个词。什么叫“避人”呢？避人就是择人，就是避开那些昏庸无道的诸侯，而去寻找志同道合的有为之君，一同来重整乾坤。良禽择木而栖，贤才择主而事嘛，不择主，只要给富贵就帮他卖力，那是苏秦、张仪的作为。孔子一心要的是救世，而不是个人富贵，所以他恓恓惶惶地驾车在纵横阡陌间奔走扬尘，就是要避开身后的昏君而去寻找前面的明君。所以，孔子是“避人之士”。什么是“避世”？在“避人”的基础上再跨一步，彻底冷了心，闭了眼，认定天下不可能有什么诸侯还能与他一起改变这世界，于是彻底绝望，从而彻底不抱希望，回到田园中去，回到自己的内心中去，告别都市、政治与熙熙攘攘的外部世界，就叫避世。

再回头说子路被这两人教训得一愣一愣的，又要注意自己此时的身份，不能发作，只好垂头丧气地回来向孔子汇报。孔子听完，不尽的迷惘。谁说这两位隐士说得不对呢？这不也是孔子自己内心中常有的感触吗？但他历尽艰辛，学而不厌，“十年磨一剑，霜刃未曾试”，难道就此卷而怀之吗？他有教无类，诲人不倦，门徒三千，贤者七十二，就是为了培养一批隐士，或者懂文化的农夫吗？于是他感慨万端：“人总不能与鸟兽一起生活在山林之中啊，我不和芸芸众生生活在一起，与他们共享欢乐共担不幸，我又能和谁生活在一起呢？他们说天下无道，但不正因为天下混乱无道，才需要我们去承担责任吗？假如天下有道，还需要我们吗？”

《论语》中的这一段，很传神，两千多年了，那条汤汤小河边发生的这场争论就好像发生在昨天似的。这几个人好像还在我们身边。我尤其为孔子感动。他恓惶而寂寞，迷惘而执拗。“志于道”的人越来越少了，不少人顺应潮流，从而成了新贵，或成为新贵的红人，其中甚至有他的门徒，比如那个顶善于察言观色的弟子冉求。又有不少人冷了心，折断宝剑为锄犁，平戎策换得种树书，如长沮、桀溺；其中也有他的弟子，如樊迟。樊迟向他问稼，问为圃，大概也是准备避世了吧。望望眼前，路漫漫其修远兮；看看身后，追随者渐渐寥落。“道不行，乘桴浮于海，从我者，其由与！”（道行不通了，我只能乘小船漂荡到大海中去了。到那时还能跟随我的，可能只有一个仲由了吧！）这位可敬可叹的老人，想凭自己个人的德行与魅力来聚集一批年轻人，让他们传道义之火、文化之火；拯民于水火，匡世于既颠，但年轻人不容易经受得了各种诱惑，“吾未见好德如好色者”（我从未见过一个喜爱德行比得上喜爱美色的人），“吾未见刚者”（我未见过刚强的人），“吾未见好仁者，恶不仁者”（我未见过喜好仁而厌恶不仁的人），“未闻好学者”（没听说过好学的人）。这些话不也把他的三千弟子甚至七十二贤者都包括在内了吗？要让这些弟子们“无欲则刚”“好德如好色”都不可能，更何况别人？韩非就曾刻薄尖酸地揶揄孔子，说凭着孔子那么巨大的个人德行，不就只有七十子之徒跟随他吗？而下等君主鲁哀公却能让一国人都服从他，孔子本人也不得不向鲁哀公臣服。所以，人是多么容易向权势屈服，而向慕仁义的人是多么少啊。孔子此时的处境，真是令人同情。

但他更让我们尊敬。这就是他的那种“知其不可而为之”的殉道精神。“三军可夺帅也，匹夫不可夺志也”（三军可以更改主帅，匹夫却不能逼他改变志向）。匹夫尚且不能夺志，更何况圣人之志，得天地浩然正气，至大至刚，岂容玷污？天下一团漆黑了，不少原先追求光明的人也练就了猫头鹰的眼睛，从适应黑暗而进于喜欢黑暗，为黑暗辩护，他们把这称为提高了觉悟和认识，并且得道似的沾沾自喜于在黑森林中占据了一棵枝丫，又转过头来嘲笑别人不知变通。而孔子，这位衰弱的老人却在那里一意孤行！我很喜欢“一意孤行”这个词，很喜欢这个词所指称的那种性情与人格。敢于一意孤行的人必有大精神，大人格。一位楚地的狂生曾经警告过孔子：“往者不可谏，来者犹可追。已而已而，今之从政者殆而！”（你过去糊涂就算了，以后你可改了吧！算了吧，算了吧，现在追随政治危险得很啦！）但不能因为政治危险，就置天下苍生于不顾，听任他们受暴政的煎熬，置自己的伦理责任于不顾！“政者，正也”——政治，就是对暴政的矫正！就是正义！所以，孔子庄严宣告：“志士仁人，无求生以害仁，有杀身以成仁。”虽然他也说过“危邦不入，乱邦不居，天下有道则见，无道则隐”之类的话；虽然他也称赞蘧伯玉：“邦有道则仕，邦无道则可卷而怀之”，宁武子“邦有道则知，邦无道则愚”，并慨叹“其知可及也，其愚不可及也”（他的聪明别人能比得上，他的糊涂别人就比不上了），大有郑板桥“由糊涂入聪明难，由聪明入糊涂尤难”的意味，但他对自己，却有更高的要求，那就是如史鱼一样，“邦有道，如矢；邦无道，如矢”，永远如射出的箭一样，正道直行，永不回头。

5. 孔子的洒脱

⊙周国平

我喜欢读闲书，即使是正经书，也不妨当闲书读。譬如说《论语》，林语堂把它当作孔子的闲谈读，读出了许多幽默，这种读法就很对我的胃口。近来我也闲翻了这部圣人之言，发现孔子乃是一个相当洒脱的人。

在我的印象中，儒家文化一重事功，二重人伦，是一种很入世的文化。然而，作为儒家始祖的孔子，其实对于功利的态度颇为淡泊，对于伦理的态度又颇为灵活。这两个方面，可以用两句话来代表，便是“君子不器”和“君子不仁”。

孔子是一个读书人。一般读书人寒窗苦读，心中都悬着一个目标，就是有朝一日成器，即成为某方面的专家，好在社会上从事一个稳定的职业。说一个人不成器，就等于说他没出息，这是很忌讳的。孔子却坦然说，一个真正的人本来就是不成器的。也确实有人讥他博学而无所专长，他听了自嘲说，那么我就以赶马车为专长吧。

其实，孔子对于读书有他自己的看法。他主张读书要从兴趣出发，不赞成为求知而求知的纯学术态度（“知之者不如好之者，好之者不如乐之者”）。他还主张读书是为了完善自己，鄙夷那种沽名钓誉的庸俗文人（“古之学者为己，今之学者为人”）。他一再强调，一个人重要的是要有真才实学，而无须在乎外在的名声和遭遇，类似于“不患莫己知，求为可知也”这样的话，《论语》中至少重复了四次。

“君子不器”这句话不仅说出了孔子的治学观，也说出了他的人生观。有一回，孔子和他的四个学生聊天，让他们谈谈自己的志向。其中三人分别表示想做军事家、经济家和外交家。唯有曾点说，他的理想是暮春三月，轻装出发，约若干大小朋友，到河里游泳，在林下乘凉，一路唱歌回来。孔子听罢，喟然叹曰：“我和曾点想的一样。”圣人的这一叹，活泼泼地叹出了他的未染的性灵，使得两千年后一位最重性灵的文论家大受感动，竟改名“圣叹”，以志纪念。人生在世，何必成个什么器，做个什么家呢，只要活得悠闲自在，岂非胜似一切？

学界大抵认为“仁”是孔子思想的核心，至于什么是“仁”，众说不一，但都不出伦理道德的范围。孔子重人伦是一个事实，不过他到底是一个聪明人，而一个人只要足够聪明，就决不会看不透一切伦理规范的相对性质。所以，“君子而不仁者有矣夫”这句话竟出自孔子之口，他不把“仁”看作理想人格的必备条件，也就不足怪了。有人把仁归结为“忠恕”二字，其实孔子决不主张愚忠和滥恕。他总是区别对待“邦有道”和“邦无道”两种情况，“邦无道”之时，能逃就逃（“乘桴浮于海”），逃不了则少说话为好（“言孙”），会装傻更妙（“愚不可及”这个成语出自《论语》，其本义不是形容愚蠢透顶，而是孔子夸奖某人装傻装得高明极顶的话，相当于郑板桥说的“难得糊涂”）。有人问他该不该“以德报怨”，他反问：那么用什么来报德呢？然后说，应该是用公正回报怨仇，用恩德回报恩德。

孔子实在是一个非常通情达理的人，他有常识，知分寸，丝毫没有偏执狂。“信”是他亲自规定的“仁”的内涵之一，然而他明明说：“言必信，行必果”，乃是僵化小人的行径（“硁硁然小人哉”）。要害是那两个“必”字，毫无变通的余地，把这位老先生惹火了。他还反对遇事过分谨慎。我们常说“三思而后行”，这句话也出自《论语》，只是孔子并不赞成，他说再思就可以了。

也许孔子还有不洒脱的地方，我举的只是一面。有这一面毕竟是令人高兴的，它使我可以放心承认孔子是一位够格的哲学家了，因为哲学家就是有智慧的人，而有智慧的人怎么会一点不洒脱呢？

6. 木车的激情

⊙张 炜

在现代旅行中，我们常常因为交通工具的不够迅捷而焦躁和苦恼。我们祈盼乘坐的车辆眨眼间就到达目的地，幻想它能像闪电一样穿越莽野。我们有时甚至为最现代的旅行交通工具——飞机——感到焦急，比如说为机场的滞留、耽搁，感到愠怒和不安。

我们总是那么急于从甲地到乙地，总是有那么多事情要做。可以设想，如果现代交通工具变成了一辆马车或牛车，我们只能坐在吱吱扭扭的木车上，在辽阔的原野大地上往复奔走，又会是一种什么心情?

那时候我们大概要拒绝旅行，而尽可能多地待在自己的那个小窝里了。

我们怎么能够想象几千年前，有一位思想者就乘坐着一辆缓慢的牛车或马车，在大地上往复奔走。

是的，他为了自己的思想，为了自己的理念而不知疲倦，并这样终其一生。

他就是我们所熟悉的古代哲人孔子，还有他的一群弟子。他们都是一些为思想而激动的不知疲倦者。我们不妨把这些人的一生、把这一切，称为“木车的激情”。

由于车速是极其缓慢的，里程是极其艰难的，因而我们今天更有理由说，他的激情才更为强大、更值得信赖。

枯叶铺地，北风呼啸。在冬天，那个哲人也不能舍弃自己的旅程。这在越来越聪明的现代人眼里是不可思议、不可理解的。一位不可理喻的执着者，让世界感到畏惧了。

我们现代人几乎仅仅可以从那辘辘的木车声中，听到“政治”的真正含义，领略它的本质。它那时候是人、旅途、木车，是面对土地的求索，是这样的不知疲倦。原来在古代，“政治”和“诗”是合二为一的。这才让后人生出了永久的崇敬。他不倦地诉说他的思考，他的思想，他对这个世界的观察，他探索到的各种各样的原理。无论如何，这都是令人至为尊敬的。作为一个启蒙者，一个诗人，大概这个世界上没有几个人能够与他比肩。但人们往往承认他是前者，而不愿承认他是后者。

可是，现代人在这个寒冷的冬天，在北风击碎冰凌的时刻，真的不能从辘辘的马车声中，听到和看到孔子那一腔燃烧的诗情吗？

这是一首长长的、写在大地上的诗，是人类的诗，是可以从东方播散到西方的长卷。它就像高空的彩虹一样，横跨万里，放射出璀璨的光辉。

我们相信，一本《论语》只是微薄的纪念，只是简短的记录，它那真正的、更为渊博的思想，的确是由车轮和双足镌刻在大地上的。它们化在了历史的尘埃之中，需要无数的后人在气流和土末里去感觉和辨析，去接受它们的渗透和感染。

现代人对于一个古代的思想家、诗人的继承和求索，也远没有尽头。他身上凝聚了人类的所有奥秘，是一粒种子，一个遗弃在几千年前的土壤里、不断萌发的生命之籽。一代又一代人因为他而自豪过了，但还远远不够。

有多少自豪是盲目的？有多少自豪是不自觉的？我们不知道。一个人只有在冬天，特别是在长夜里抚摸、吟哦着那个伟大的诗人所留下的这薄薄一卷，才会真正感觉到一点什么。

它会焕发和刺激起现代人不绝的激情。它存在着，并不遥远，就在手边。它需要我们站起来，需要我们透过狭窄的窗洞，去遥望前几个世纪和后几个世纪。无数的人这样遥望，才能接连起永生的希望。舍此，将没有任何出路。

找不到一点辛辣有力的言辞。他们更多的时候是一些失败者和自卑者。

卑微者的诅咒恰恰是被诅咒者的光荣。无论对于历史，对于现代，原理完全一样。当年那个智者受到了无数污浊的包围。可是这污浊却不能够有效地涂到他的脸上和身上，因为他的本质就是纯洁的、高贵的，不被污浊所污染。

那个颠簸的木车，把激情撒播在中国大地上。他成了中国乃至整个东方的骄傲，也成了整个人类的骄傲。他的行为表明了人类在某个方面的认识和耐力。他可以指示我们走向多么遥远。他不仅属于古代，更属于现代和未来。

给这样一位伟大的言者和行者做一鉴定，我们也许是无能为力的。可是我们很容易就会发现，这起码不是人类的瞬间激情所能够继承和完成的。他是这样的一种生命，他抓住了更本质的东西，所以他才能走向未知的远途，才能够驾驭颠簸的木车，承载那么多思想，驶进茫茫历史长河之中，驶进一片灿烂之中。

今天，在偏远的农村、山区和平原，我们偶尔还可以看到一驾木车，被一个高大的动物牵引；那当然行驶得极为缓慢了——今天我们无论如何难以设想，可以乘坐它到远方去，做极为急切极为重要的事情。政治、抱负，伟大卓越的思想，怎么可以和缓慢爬行的木车联结在一起？

遥想那个古人的身影，我们似乎会明白一点什么。

原来只有激情，只有它所击打出的思想的闪电，才可以超越一切交通工具的迅捷，使一切现代传播工具相形见绌。思想才是真正迅捷的，阔大无边的，可以笼罩整个宇宙。激光、无线电波甚至都很难拥有这样的速度和力量。

当我们人类不断地将自己的智力和激情变为现代科技，变为非常具体的器械和工具的时候，我们也常常会忽略了它的源头，忽略了它们正是来自人类共同的心灵——这样一个基本而重要的事实。无论怎样现代的工具都不能取代心灵。抽掉了心灵，一切都无从谈起。在那个伟大的心灵面前，即便是缓缓爬行的木车，也不能阻断万丈激情。激情的燃烧可以使他穷尽一切艰难险阻，可以穿越十万大山。枯竭而渺小的现代人即便拥有了火车，有了飞船，有了一切的一切，也并不能阻止眼前的危机。

也许当我们现代人懂得一遍又一遍怀念“木车的激情”的时候，才会走向自己的觉悟。

《论语》成语集萃（处世篇二）

尽善尽美

【释义】非常完美，没有缺陷。

【出处】子谓《韶》，“尽美矣，又尽善也”；谓《武》“尽美矣，未尽善也”。 ——《论语·八佾》

一以贯之

【释义】原指孔子的“忠恕之道”贯穿在他的全部学说之中，后来泛指用一种道理贯穿于各类事物之中。

【出处】子曰：“参乎！吾道一以贯之。”曾子曰：“唯。”子出，门人问曰：“何谓也？”曾子曰：“夫子之道，忠恕而已矣。” ——《论语·里仁》

单元学习任务

任务一

阅读下面这则材料，结合本单元文章的相关内容，初步探究孔子是怎样成长为“圣人”的。

材料：孔子的成长情况

孔子3岁丧父，17岁丧母，家境贫寒，地位低下；小时候生活艰难，会干许多粗活。早年做过“委吏”（管理仓廪）和“乘田”（管理畜牧）等事。他生活在一个动乱的年代，诸侯纷争，战争不断。

孔子好学，且学无常师。相传孔子曾问礼于老聃，学乐于苌弘，学琴于师襄。

评价者	对孔子的评价
子　贡	天纵之圣
颜　回	仰之弥高，钻之弥坚
仪封人	天将以夫子为木铎
司马迁	高山仰止，景行行止
后　世	至圣先师，万世师表
〔英〕李约瑟	无冕皇帝
〔法〕伏尔泰	东方找到一位智者
〔美〕爱默生	全世界各民族的光荣
联合国教科文组织	“世界十大文化名人”之首

任务二

在《史记》中，“本纪”记历代帝王政绩，“世家”记诸侯国和汉代诸侯、勋贵兴亡，“列传”记重要人物的言行事迹。身为布衣的孔子为什么被列入“世家”行列？请你阅读课内与课外孔子的相关资料，从下面提示的三个维度进行解说。

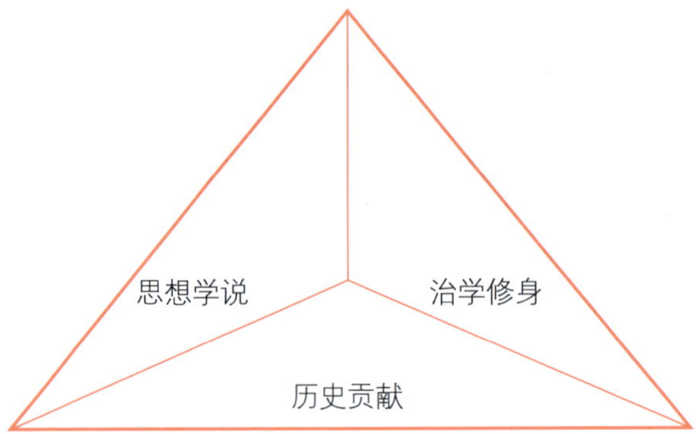

任务三

学校准备召开七年级“与经典同行，和圣贤为友——走近孔子”主题活动，有三个选题可供参考，请你任选其一，完成题目要求。

1. 讲述孔子的5个故事。
2. 列举自己喜欢的20则孔子名言。
3. 为孔子写一段颁奖词。

抓住特点写人

正如世界上没有完全相同的两片树叶，每个人都是独一无二的，都有不同的特点。那么，如何通过观察发现所写人物的与众不同之处，再用生花妙笔描写出其特点，使其有立体感，避免“千人一面”，这是我们写好记叙文的关键。

学习本单元文章，要养成善于观察、善于积累的习惯，学会抓住特征刻画人物；还要注意把人放在具体的事件中，抓住细节，运用多种方法塑造人物形象。

片段集锦

【范例 1】

智深听得，收住了手看时，只见墙缺边立着一个官人，怎生打扮？但见：头戴一顶青纱抓角儿头巾，脑后两个白玉圈连珠鬓环。身穿一领单绿罗团花战袍，腰系一条双搭尾龟背银带。穿一对磕瓜头朝样皂靴，手中执一把折叠纸西川扇子。那官人生得豹头环眼，燕颔虎须，八尺长短身材，三十四五年纪。

（施耐庵《水浒传》）

【范例 2】

一语未了，只听后院中有人笑声，说："我来迟了，不曾迎接远客！"黛玉纳罕道："这些人个个皆敛声屏气，恭肃严整如此，这来者系谁，这样放诞无礼？"心下想时，只见一群媳妇丫鬟围拥着一个人从后房门进来。

（曹雪芹《红楼梦》）

【范例 3】

五年前的花白的头发，即今已经全白，全不像四十上下的人；脸上瘦削不堪，黄中带黑，而且消尽了先前悲哀的神色，仿佛是木刻似的；只有那眼珠间或一轮，还可以表示她是一个活物。她一手提着竹篮，内中一个破碗，空的；一手拄着一支比她更长的竹竿，下端开了裂：她分明已经纯乎是一个乞丐了。

…………

她不是鲁镇人。有一年的冬初，四叔家里要换女工，做中人的卫老婆子带她进来了，头上扎着白头绳，乌裙，蓝夹袄，月白背心，年纪大约二十六七，脸色青黄，但两颊却还是红的。

…………

她仍然头上扎着白头绳，乌裙，蓝夹袄，月白背心，脸色青黄，只是两颊上已经消失了血色，顺着眼，眼角上带些泪痕，眼光也没有先前那样精神了。

（鲁迅《祝福》）

【范例 4】

歪儿站在街中央，寻着空铁罐左顾右盼，活像一个蒸熟了的小红薯。他细小，软绵绵，歪歪扭扭，眼睛总像睁不开，薄薄的嘴唇有点斜。更奇怪的是他的耳朵，明显的一大一小，像是父子俩……由于他身子歪，跑起来就打斜，玩踢罐电报便十分吃亏。可是他太热爱这种游戏了，他宁愿坐庄，宁愿徒自奔跑，宁愿一直累得跌跌撞撞……大家玩的罐儿还是他家的呢！只有他家才有这种装芦笋的长长的铁罐，立在地上很好踢，如果要没有这宝贝罐儿，说不定大家嫌他累赘，不带他玩了呢！

（冯骥才《歪儿》）

1. 快手刘

⊙冯骥才

人人在童年，都是时间的富翁。胡乱挥霍也使不尽。有时待在家里闷得慌，或者父亲嫌我太闹，打发我出去玩玩儿，我就不免要到离家很近的那个街口，去看快手刘变戏法。

“胖大汉子”四个字勾勒出快手刘的总体特征。

快手刘是个撂地摆摊卖糖的胖大汉子。他有个随身背着的漆成绿色的小木箱，在哪儿摆摊就把木箱放在哪儿。箱上架一条满是洞眼的横木板，洞眼插着一排排廉价而赤黄的棒糖。他变戏法是为吸引孩子们来买糖。戏法十分简单，俗称“小碗扣球”。一块绢子似的黄布铺在地上，两个白瓷小茶碗，四个滴溜溜的大红玻璃球儿，就这再普通不过的三样道具，却叫他变得神出鬼没。他两只手各拿一个茶碗，你明明看见每个碗下边扣着

“再普通不过”的道具却“叫他变得神出鬼没”，这种反差对刻画人物有什么作用？

两个红球儿，你连眼皮都没眨动一下，嘿！四个球儿竟然全都跑到一个茶碗下边去了，难道这球儿是从地下钻过去的？他就这样把两只碗翻来翻去，一边叫天喊地，东指一下手，西吹一口气，好像真有什么看不见的神灵做他的助手，四个小球儿忽来忽去，根本猜不到它们在哪里。这种戏法比舞台上的魔术难变，舞台只一边对着观众；街头上的土戏法，前后左右围着一圈人，人们的视线从四面八方射来，容易看出破绽。有一次，我亲眼瞧见他手指飞快地一动，把一个球儿塞在碗下边扣住，便禁不住大叫：

“翻来翻去”“叫天喊地”“忽来忽去”……一连串的动词突出了快手刘的“快”。

“在右边那个碗底下哪，我看见了！”

“你看见了？”快手刘明亮的大眼珠子朝我惊奇地一闪，跟着换了一种正经的神气对我说：“不会吧！你可得说准了。猜错就得买我的糖。”

快手刘的故弄玄虚、欲擒故纵，给人留下了深刻的印象。

“行！我说准了！”我亲眼所见，所以一口咬定。自信使我的声音非常响亮。

谁知快手刘哈哈一笑，突然把右边的茶碗翻过来。

“瞧吧，在哪儿呢？”

咦，碗下边怎么什么也没有呢？只有碗口压在黄布上一道圆圆的印子。难道球儿穿过黄布钻进左边那个碗下边去了？快手刘好像知道我怎么猜想，伸手又把左边的茶碗掀开，同样什么也没有！球儿都飞了？只见他将两只空碗对口合在一起，举在头顶上，口呼一声："来！"双手一摇茶碗，里面竟然哗哗响，打开碗一看，四个球儿居然又都出现在碗里边。怪，怪，怪！

四边围看的人发出一阵惊讶不已的唏嘘之声。

"怎么样？你输了吧！不过在我这儿输了决不罚钱，买块糖吃就行了。这糖是纯糖稀熬的，单吃糖也不吃亏。"

我臊得脸皮发烫，在众人的笑声里买了块棒糖，站在人圈后边去。从此我只站在后边看了，再不敢挤到前边去多嘴多舌。他的戏法，在我眼里真是无比神奇了。这也是我童年真正钦佩的一个人。

一个"挤"字，写出观众之多，侧面烘托出快手刘的表演十分精彩，引人入胜。

他那时不过四十多岁吧，正当年壮，精饱神足，肉重肌沉，皓齿红唇，乌黑的眉毛像用毛笔画上去的。他蹲在那里活像一只站着的大白象。一边变戏法，一边卖糖，发亮而外凸的眸子四处流盼，照应八方；满口不住说着逗人的笑话。一双胖胖的手，指肚滚圆，却转动灵活，那四个小球儿就在这双手里忽隐忽现。我当时有种奇想，他的手好像是双层的，小球儿时时藏在夹层里。唉唉，孩提时代的念头，现在不会再有了。

此处细致的外貌描写突出快手刘当年的自信、神奇与威武，与下文外貌的变化形成对比。

这双异常敏捷的手，大概就是他绰号“快手刘”的来历。他也这样称呼自己，以至于在我们居住那一带无人不知他的大名。我童年的许多时光，就是在这最最简单又百看不厌的土戏法里，在这一直也不曾解开的迷阵中，在他这双神奇莫测、令人痴想不已的快手之间消磨的。他给了我多少好奇的快乐呢？

那些伴随着童年的种种人和事，总要随着童年的消逝而远去。我上中学以后就不常见到快手刘了。只是路过那路口时，偶尔碰见他。他依旧那样兴冲冲地变“小碗扣球”，身旁摆着插满棒糖的小绿木箱。此时我已经是懂事的大孩子了，不再会把他的手想象成双层的，却依然看不出半点破绽，身不由己地站在那里，饶有兴致地看了一阵子。我敢说，世界上再好的剧目，哪怕是易卜生和莎士比亚，也不能像我这样成百上千次看个不够。

本段文字承起上文，交代“我”的离开，收起对快手刘的回忆；同时引出下文，为再次见到快手刘作铺垫。

我上高中是在外地。人一走，留在家乡的童年和少年就像合上的书。往昔美好的故事，亲切的人物，甜醉的情景，就像鲜活的花瓣夹在书页里，再翻开都变成了干枯了的回忆。谁能使过去的一切复活？那去世的外婆，不知去向的挚友，妈妈乌黑的鬈发，久已遗失的那些美丽的书，那跑丢了的绿眼睛的小白猫……还有快手刘。

高中二年级的暑期，我回家度假。一天在离家不远的街口看见十多个孩子围着什么又喊又叫。走近一看，心中怦然一动，竟是快手刘！他依旧卖糖和变戏法，但人已经大变样子。几年不见，好像过了许久。模样接近了老汉。单是身旁摆着的那只木箱，就带些凄然的样子。它破损不堪，黑乎乎，黏腻腻，看不出一点先前那悦目的绿色。横板上插糖的洞孔，多年来给棒糖的竹棍捅大了，插在上边的棒糖东倒西歪。再看他，那肩上、背上、肚子上、臂上的肉都到哪儿去了呢？饱满的曲线没了，衣服下处处凸出尖尖的骨形来；脸盘仿佛小了一圈，眸子无光，更没有当初左顾右盼、流光四射的精神。这双手尤其使我动心——他分明换了一双手！手背上青筋缕缕，污黑的指头上绕着一圈圈皱纹，好像吐尽了丝而皱缩下去的老蚕……于是，当年一切神秘的气氛和绝世的本领都从这双手上消失了。他抓着两只碗口已经碰得破破烂烂的茶碗，笨拙地翻来翻去，那四个小球儿，一会儿没头没脑地撞在碗边上，一会儿从手里掉下来。他的手不灵了！孩子们叫起来："球儿在那儿呢！""在手里哪！""指头中间夹着哪！"在这喊声里，他慌张，手就愈不灵，哆哆嗦嗦搞得他自己也不知道球儿都在哪里了。无怪乎四周的看客只是寥寥一些孩子。

如何理解"动心"一词？为什么说快手刘"换了一双手"？

"在他手心里，没错！绝没在碗底下！"有个光脑袋的胖小子叫道。

我也清楚地看到，在快手刘扣过茶碗的时候，把地上的球儿取在手中。这动作缓慢迟钝，失误就十分明显。孩子们吵着闹着叫快手刘张开手，快手刘的手却攥得紧紧的，朝孩子们尴尬地掬出笑容。这一笑，满脸皱这里运用了比喻的修辞手法，不仅写出快手刘年事已高、满脸沧桑，还写出了他的尴尬。

纹都挤在一起，好像一个皱纸团。他几乎用请求的口气说：

“是在碗里呢！我手里边什么也没有……”

当年神气十足的快手刘哪会用这种口气说话？这些稚气又认真的孩子们偏偏不依不饶，非叫快手刘张开手不可。他哪能张手，手一张开，一切都完了。我真不愿意看见快手刘这一副狼狈的、惶惑的、无措的窘态。多么希望他像当年那次——由于我自作聪明，揭他老底，迫使他亮出一个捉摸不透的绝招。小球儿突然不翼而飞，呼之即来。如果他再使一下那个绝招，叫这些不知轻重的孩子们领略一下名副其实的快手刘而瞠目结舌多好！但他老了，不再会有那花好月圆的岁月年华了。

我走进孩子们中间，手一指快手刘身旁的木箱说：

“你们都说错了，球儿在这箱子上呢！”

孩子们给我这突如其来的话弄得莫名其妙，都瞅那木箱，就在这时，我眼角瞥见快手刘用一种尽可能的快速度把手里的小球儿塞到碗下边。

“球儿在哪儿呢？”孩子们问我。

快手刘笑呵呵翻开地上的茶碗说：

“瞧，就在这儿哪！怎么样？你们说错了吧，买块糖吧，这糖是纯糖稀熬的，单吃糖也不吃亏。”

孩子们给骗住了，再不喊闹。一两个孩子掏钱买糖，其余的一哄而散。随后只剩下我和从窘境中脱出身来的快手刘，我一扭头，他正瞧我。他肯定不认识我。他皱着花白的眉毛，饱经风霜的脸和灰蒙蒙的眸子里充满疑问，显然他不明白，我这个陌生的青年何以要帮他一下。

人物的外貌反映出其境况的变化。作者除了寄予“我”对快手刘老无所依的深切同情之外，是否还有更深的含义？

2. 记梁任公先生的一次演讲

⊙梁实秋

梁任公先生晚年不谈政治，专心学术。大约在 1921 年，清华学校请他做第一次的演讲，题目是《中国韵文里表现的情感》。我很幸运地有机会听到这一篇动人的演讲。那时候的青年学子，对梁任公先生怀着无限的景仰，倒不是因为他是戊戌政变的主角，也不是因为他是云南起义的策划者，实在是因为他的学术文章对于青年确有启迪领导的作用。过去也有不少显宦，以及叱咤风云的人物，莅校讲话，但是他们没有能留下深刻的印象。

任公先生的这一篇讲演稿，后来收在《饮冰室文集》里。他的讲演是预先写好的，整整齐齐地写在宽大的宣纸制的稿纸上面，他的书法很是秀丽，用浓墨写在宣纸上，十分美观。但是读他这篇文章和听他这篇讲演，那趣味相差很多，犹之乎读剧本与看戏之迥乎不同。

我记得清清楚楚，在一个风和日丽的下午，高等科楼上大教堂里坐满了听众，随后走进了一位短小精悍秃头顶宽下巴的人物，穿着肥大的长袍，步履稳健，风神潇洒，左右顾盼，光芒四射，这就是梁任公先生。

他走上讲台，打开他的讲稿，眼光向下面一扫，然后是他的极简短的开场白，一共只有两句，头一句是："启超没有什么学问——"眼睛向上一翻，轻轻点一下头，"可是也有一点喽！"这样谦逊同时又这样自负的话是很难得听到的。他的广东官话是很够标准的，距离国语甚远，但是他的声音沉着而有力，有时又是洪亮而激亢，所以我们还是能听懂他的每一字，我们甚至想如果他说标准国语，其效果可能反要差一些。

我记得他开头讲一首古诗《箜篌引》：

公无渡河，

公竟渡河！

渡河而死，

其奈公何！

这四句十六字，经他一朗诵，再经他一解释，活画出一出悲剧，其中有起承转合，有情节，有背景，有人物，有情感。我在听先生这篇讲演后约二十余年，偶然获得机缘在茅津渡候船渡河。但见黄沙弥漫，黄流滚滚，景象苍茫，不禁哀从中来，顿时忆起先生讲的这首古诗。

先生博闻强记，在笔写的讲稿之外，随时引证许多作品，大部分他都能背诵得出。有时候，他背诵到酣畅处，忽然记不起下文，他便用手指敲打他的秃头，敲几下之后，记忆力便又畅通，成本大套地背诵下去了。他敲头的时候，我们屏息以待，他记起来的时候，我们也跟着他欢喜。

先生的讲演，到紧张处，便成为表演。他真是手之舞足之蹈，有时掩面，有时顿足，有时狂笑，有时叹息。听他讲到他最喜爱的《桃花扇》，讲到“高皇帝，在九天，不管……”那一段，他悲从中来，竟痛哭流涕而不能自已。他掏出手巾拭泪，听讲的人不知有几多也泪下沾襟了！又听他讲杜氏讲到“剑外忽传收蓟北，初闻涕泪满衣裳……”，先生又真是于涕泗交流之中张口大笑了。

这一篇讲演分三次讲完，每次讲过，先生大汗淋漓，状极愉快。听过这讲演的人，除了当时所受的感动之外，不少人从此对于中国文学发生了强烈的爱好。先生尝自谓“笔锋常带情感”，其实先生在言谈讲演之中所带的情感不知要更强烈多少倍！

有学问，有文采，有热心肠的学者，求之当世能有几人？于是我想起了从前的一段经历，笔而记之。

3. 冰心姥姥，您好！

⊙铁　凝

在中国北方，孩子们称自己母亲的母亲为姥姥。此外，当领着孩子的母亲遇见自己所尊敬的老年女性，也常常会很自然地对孩子说："叫姥姥。"孩子清脆地叫着，姥姥无比怜爱地答应着，于是"姥姥"的含义便不单是血缘关系的一种确认，她还是可以信赖、可以依靠的象征。她每每使人想到原野肥厚、沉实的泥土和冬天的乡村燃烧着柴草的火炕的温暖气息，她充满着一种人间古老的然而永不衰竭的魅力。

第一次听见有人称冰心先生为姥姥，是她的外孙陈钢。这个英俊、聪慧的青年业余爱好摄影，也曾经为我拍过一些非常好的照片。当他得知我喜欢他的这些作品时，告诉我说："我把照片拿给我姥姥看了。"我问他姥姥说了些什么，他说："姥姥亲了我一下。"冰心先生对外孙这种独特的无言的赞赏，真能引起人善意的嫉妒！后来我还得知冰心先生从不随便夸奖她的外孙，但她却是外孙事业的默默的支持者，他们之间那一份亲情无可替代。面对这位几代人共同敬爱的文坛前辈，陈钢甚至觉得，对他本人来说，姥姥是他的姥姥，比姥姥是一位著名作家更为重要。

此后不久，我给冰心先生写了一封信，告诉她我在保定西部山区的一些生活。先生回信先是由衷地称赞了陈钢的作品，她说："陈钢给你照的相，美极了！"然后又嘱咐我说："铁凝，你要好好地珍惜你的青春、你的才华！你有机会和农民接触，太好了！我从小和山东的农民在一起，他们真朴实，真可爱！你能好好写他（她）们吗？我想你会的，我对你抱有无限的希望……"

读着这样的信，你会发现在冰心先生那平和、宁静的外表之下，那从容、温和的目光之中，还有一份对于中国最广大的农民的深深的爱意。这爱意不仅表现在她为灾民慷慨捐款一万元，还渗透在她对青年作家描写最普通的民众之美的热烈希冀里。也许她的年龄和身体不容她再去更多的地方，但她宽厚的心怀却无处不在。

今年春天，我将自己新近出版的几本书给冰心先生寄上，很快又收到她的回信。她说："亲爱的铁凝，大作两本（《女人的白夜》等）已收到，十分感谢！尚未细读，但我居然进入了你的作品中，我感到意外！你何时再到北京来呢？我有许多事情和话要对你说，要回的信太多，只写这几个字，祝你万福，令尊两大人前请安！"

读毕先生的信，我想起在先生给我的几封信中，都曾问过："你何时再到北京来呢？"

我何时再到北京去呢？

1991 年 5 月我在北京，有一天下着小雨，散文家周明陪我去看冰心先生。途中我在一家花店买了一束玫瑰，红的黄的白的，十分娇艳。

冰心先生坐在卧室书桌前等我们，短发整整齐齐，面容很有精神。看见我，她说："铁凝你好吗？我看你很好。"我把鲜花送上，周明要拍照，冰心先生说："来让我拿着花。"

然后她请我喝茶、吃糖。然后她说："搬把椅子坐在我身边吧，这样离我近些。"我坐在了她的身边。她清澈的目光落在我身上，我感到无话可说。

我无话可说不是因为拘谨——有人在拘谨时往往更能废话连篇。我无话可说是因为受着一种气氛的感染，是因为身边这位安静的老人正安静地看着我。她一定深明了我的心意，此外的一切客套都将是我的多嘴多舌。她一定也同意我无话可说，因为当我告诉她我不知说些什么时，她说："那就让我们静静地坐一会儿。"

我很看重与冰心先生静静地坐一会儿，或许这并不比我问长问短得到的要少。在那安安静静的一小会儿里，我从这位几乎与世纪同龄的老人身上所获得的，竟是一种可以触摸的生命激情。或者可以说，没有这一刻安然的纯净，便无以获得照耀生命的激情。

是先生家那位著名的猫咪打破了这种安静，它急不可待地跳上桌子，稳坐在正中间与我打逗，调皮而又温驯，冰心先生说：

“它喜欢你。”

猫咪的憨态又引出了我们一些轻松的话题，关于活跃在文坛的青年作家，关于先生几次谢绝杂志请先生写写自己的提议——她不愿意过多地写自己。还谈到她喜欢和不喜欢的人，说起这些，她的态度坦率而又鲜明。

是告辞的时候了，我对冰心先生说：“我不想打扰您，又想看见您，有机会我会再来看您。”我握住冰心先生柔软、微凉的双手，她对我说：“只要我活着，你就来看我吧。”

春节时又收到了冰心先生的近照：她身穿黑白条纹的罩衣坐在紫红色的沙发上，怀中抱着干干净净的白色的猫咪。她的双手微微奓开搭在猫咪身上，似是保护，又似是抚慰。由于镜头的缘故，手显得有些大，仿佛是摄影者有意突出先生这双姿态虔诚、以至显得稚拙的手。她坐在我的面前，目光是如此清明，面容是如此和善，那双纯粹老年人的手是如此质朴地微微奓着，令我不能不想起最具民间情意和通俗色彩的一个称谓——姥姥。

能够令人敬佩的作家是幸运的，能够令人敬佩而又令人可以亲近的作家则足以拥有双倍的自豪。冰心先生不仅以她的智慧、才情，她对人类的爱心和她不曾迟钝、不曾倦怠的笔，赢得了一代又一代读者，她身上散发出的那种无以言说的母性的光辉和人格力量，更给许多年轻人以他人无法替代的感染。在20世纪90年代人与人之间的称谓愈发地讲究、愈发地花哨的时候，我特别想把冰心先生称作冰心姥姥。

10月5日是冰心先生92岁生日，秋天的好时光，到处有成熟的发香的果实。什么时候我再到北京去呢？也许我不能在您的生日那天去看您，也许看见您我仍然不会说太多的话，但只要我再次见到您，肯定会说一声：“冰心姥姥您好！”

《论语》成语集萃（处世篇三）

暴虎冯河

【释义】比喻冒险蛮干，有勇无谋。暴虎，空手打虎。冯河，徒步渡河。

【出处】子路曰：“子行三军，则谁与？”子曰：“暴虎冯河，死而无悔者，吾不与也。必也临事而惧，好谋而成者也。”

——《论语·述而》

三月不知肉味

【释义】三个月之内吃肉不觉得有味道。比喻集中注意力于某一事物而忘记了其他事情。也用以形容几个月不吃肉。

【出处】子在齐闻《韶》，三月不知肉味，曰：“不图为乐之至于斯也。”

——《论语·述而》

4. 我记忆中的季羡林先生

⊙梁志刚

1962 年，我在河北一个县城上高中，读到一篇散文，题目是《春满燕园》。文章中的北大校园湖光塔影、姹紫嫣红、书声琅琅、春光常驻。我被深深吸引了，心底萌生了进燕园求学的憧憬，同时牢牢记住了作者的名字——季羡林。

没有名教授“派头”

两年后，我如愿考进北大。在东语系迎新会上，第一次见到当时的系主任季羡林教授。他和我想象中的模样大不相同，瘦高身材，五十出头年纪，慈眉善目；穿着既非西装革履，也非潇洒长衫，而是一身半旧的蓝咔叽布中山装；讲话声音不高，语速不快，没有什么惊人之语，只是说，一个大学生需要十二个农民来养活，而我们的同龄人一百人才有一个能上大学，说明我们的机会难得，担子很重。要求我们热爱所学专业，刻苦学习，学成报国。总之，没有一点我所想象的名教授“派头”。

当时，季羡林给梵文巴利文专业60级同学教课，与低年级同学接触不多。但有两件事给我印象很深。

一是开学不久，系学生会通知，哪位同学没有脸盆，可以领一个。因为刚经历了三年困难时期不久，有些来自贫困家庭的同学，是打赤脚走进校园的，买不起两元一个的白搪瓷脸盆，只好用五毛一个的瓦盆洗脸。季先生知道了，自掏腰包买了几十个送到学生会。我虽然没有去领，但心里暖暖的。

二是那年“十一”，我第一次参加国庆游行，见到毛泽东主席，兴奋得不得了。晚上回来听同宿舍同学说，他们看了电视转播，而且是在季先生家里！我着实吃惊不小。要知道，那时候电视机可是个稀罕物儿。季先生叫一群刚从乡下来的大孩子到自己家里看电视，实在出乎我的意料。

据此，我认定季先生是好人，好领导，能在这样的老师门下求学是我的福分。

1969年秋天，他和我们这些待分配的同学接受贫下中农“再教育”。我们一起顶着星星出早操，一起蹲在场院里啃窝窝头、喝稀粥，白天一起挖防空洞，往麦子地里挑粪。

在寒冷的旷野里，年近六旬的季先生顶着凛冽的塞外北风，穿一件单薄的旧棉袄，腰里系根草绳，脸冻得铁青，胡子茬和眉毛上结满白霜。夜里，他和几个男生挤在一条土炕上，炕上的跳蚤不分谁是先生，谁是学生，夜夜骚扰。就在这样的冬天，我听见先生低声吟诵雪莱的诗句——

既然冬天到了，
春天还会远吗？

让外国学者也跟着我们走

我毕业以后回母校进修，季先生给我们开了两门课：英语和印度概况。

季先生十岁开始学习英文，水平极高，印度学是他的主要专长，教我们确实是牛刀杀鸡。可是，他备课一丝不苟。英语是一种世界性语言，不同国家和地域的人们对同一个单词有不同的读音，甚至含义也有差异。为了把这些细微的差别讲清楚，他请教了当时能找到的所有外教。在讲翻译技巧时，他在黑板上画了两个部分重合的圆圈说：汉语和外语单词的含义并非一一对应，仅重合部分可以相通，所以要根据上下文的意思注意词义辨析。同学们一目了然，戏称为“季羡林大饼”。

季先生利用一个学期的时间，“捞干货”为我们讲授了两年的英语基本教材，还向我们推荐了可以用一辈子的工具书《牛津高级英汉双解词典》。

印度学内容浩如烟海，当时没有教材，季先生利用有限的时间，提纲挈领，把印度主要历史时期、历史人物和历史事件以及民族、宗教、社会现状讲得一清二楚，表现出非凡功力。

先生讲课形象生动，旁征博引，妙语连珠，听季先生讲课是一种享受，同学们每周都盼着听他的课。

党的十一届三中全会前夕，季先生用诗一样的语言写就散文《春归燕园》。改革开放的和煦春风吹遍中国大地，季先生迎来了他人生的第二个春天。

1979年夏天，季先生应新疆大学之邀西行考察讲学，同行的还有任继愈、黄心川两位先生。他们在新疆的日程安排特别满，先生让工作人员特地通知我去新疆大学一晤。

这一晤就是一整天。

几年没见，我发现季先生仿佛年轻了十岁，思维敏捷，精神矍铄，步履稳健，不知疲倦地工作。他没有整块时间和我谈话，就令我陪在身边，参加座谈、考察，利用活动间隙，询问我的工作、学习和生活情况。

得知我搜集中亚历史资料遇到困难，季先生利用鉴定善本古籍的机会，向新疆大学图书馆负责人介绍："这是我的学生，在军区做调研工作，如果他需要查阅资料，请提供方便。"舐犊之情，溢于言表。

季先生第二次到新疆是1985年，主持敦煌吐鲁番学国际学术讨论会。在这次会议上，他高屋建瓴地阐述了人类四大文化体系，进而概括为东西文化两大体系，赢得国内外学者的普遍赞誉。

连日的紧张会务，季先生累病了。休会时间，他没有去天池游览，而是留在宾馆接见在新疆工作的昔日学生。听学长黄文焕介绍，会上争论很激烈。有学者宣称："敦煌在中国，敦煌学在日本。”季羡林针锋相对：“敦煌在中国，敦煌学在世界。”并在会上达成了共识。

近读曼菱新作方知，主张“让外国学者也跟着我们走”，这是季先生的志向，也是他对新一代学人的殷切期望。

好钢要使在刀刃上

1986年，部队确定让我转业，我写信报告了季先生。先生回信说，关于工作安排，要多做几种准备，不知道哪块云彩下雨。后来有人告诉我，季先生为了我能够返校，或者能够归队，四处奔走，从学校找到市里人事部门，碰了不少钉子。我听了诚惶诚恐，小子何德何能，蒙先生如此厚爱！

由于种种原因，我没有能够归队，被分配在档案部门工作。但能从遥远的边疆回来，可以经常见到敬爱的季先生，我已经心满意足了。有一年春节回校给先生拜年，遇到几位颇有成就的当年同窗好友，不禁自惭形秽，感到愧对恩师。先生安慰我说：“好钢使在刀刃上。事务性工作总得有人做，都当专家，专家岂不要饿死了？”

我不敢以好钢自喻，但季先生的话如同醍醐灌顶，让我茅塞顿开。我安下心来，干过党务，搞过后勤，甘当绿叶。我认为，不管能否在先生身边做事，只要认真学习和践行先生的为人处世之道，仰不愧天，俯不愧地，就算没有辱没师门。

先生之风，高山仰止，景行行止。我的爱人和孩子也非常爱戴和仰慕季先生。他们随我去先生家中拜访，先生笑脸相迎，拿出点心、水果热情招待，告别时亲自送出大门。有段时间我爱人身体不好，先生总挂记着，每有新作出版，先生在赐赠时总是先写她的名字，知道她爱吃石榴，还特意把山东老家捎来的石榴留给她吃。小孩子不懂事，忽然想起什么问题，想向季爷爷请教，也不管是中午还是晚上，跑去就敲季爷爷的门，老先生不但不嫌烦，还夸他们“肯动脑筋，有出息”。季先生对下一代都慈爱有加，寄予厚望。

季先生晚年经常考虑关乎国家和人类命运的大问题，思维敏捷而深邃。他提出“和谐是中华优秀传统文化的精髓”，精辟阐述了和谐的三个层次，并写诗：“人和政通，海晏河清，灵犀一点，上下相通。”表达了十几亿中国人民内心的企盼。

你们说的那个人不是我

季先生晚年看起来风光无限，实际上孤独凄清，失去了自己的私人空间，身不由己。他本人却保持难得的清醒。

曼菱告诉我，1999 年在北大勺园为季先生庆祝米寿的宴会上，来宾致祝词以后，寿星致答词：“你们说的那个人不是我。”当各种不虞之誉夹杂求全之毁如同潮水般涌来的时候，他著文坚辞三顶桂冠，他还郑重申明：“我七十岁以前不是圣人，今天不是圣人，将来也不会成为圣人。我不想到孔庙里去陪着吃冷猪肉。我把自己活脱脱地暴露在光天化日之下。”

读这些文字，当时的理解是谦虚，现在看来，是季先生对神化的反抗，是他对实事求是的坚守。先生一生提倡“爱国、孝亲、尊师、重友”，将之奉为良知并身体力行。他数十年如一日，起得比鸡还早，呕心沥血，“为天地立心，为生民立命，为往圣继绝学，为万世开太平”，是我国老一代知识分子的杰出代表。他既是学界泰斗，又是世人楷模。可是先生本人却说，自己是一个平凡的人，没有什么英雄业绩。“麟凤”也好，平凡也罢，季老就是一个集非凡与平凡于一身的人。能够得到先生数十年的教诲，是我人生之幸。在我这个老学生心中，季老是我永远的先生。

5.《林黛玉进贾府》中的王熙凤

⊙元　泽

打开《红楼梦》如同拉开了舞台的幕帘，众多栩栩如生的人物一一登场又纷纷谢场，让人唏嘘不已。掩卷回想，眼前依然会有颦颦黛玉的瘦削身形，玲珑宝钗的矫情笑容，更有王熙凤的泼辣霸气……金陵十二钗中，王熙凤的形象是那样的鲜活灵动，光华四射。

王熙凤出场是古今中外作品中不可多得的华章，虽然只有千余字，却字字珠玑，写尽了王熙凤的风骨精神，反复咀嚼，自可回味无穷。王熙凤出场之时，贾府内眷云集于贾母身旁，邢王二位夫人、李纨、迎春、探春、惜春等，迎接远方贵客黛玉，在贾府地位最高的贾母面前，这些媳妇孙女个个敛声屏气，恭肃严整，更别提那些丫鬟婆子了。偏偏就在这时，身份不高不低的王熙凤姗姗来迟，来迟也罢，却从未见过这等张狂之法。王熙凤以一句“我来迟了”高调亮相，先声夺人。说说笑笑、肆无忌惮地走进了房内，如同《蜀道难》中李白的一声长叹“噫吁嚱”，劈空一句，吟出了蜀道之艰难险阻。王熙凤的一句“我来迟了”，不见歉意，只见威风，她一出场就博得了台下满场“观众”的喝彩。这种出场方式令人猝不及防却顺理成章，一下将所有的目光都吸引到了自己的身上，从此走入了读者心中。脂砚斋读到这里也情不自禁地赞道：“第一笔，阿凤的三魂六魄已被作者拘定了。”

单看出场的架势，就可知来者不凡，别人都只三两个仆从，而王熙凤却是在一群媳妇丫鬟的簇拥中出场，明眼人一看就知道这人在贾府中绝非等闲之辈，红花有多重要，关键得看有多少人甘为绿叶相衬。当然，仅依靠排场不足以说明王熙凤的地位，贾母的态度更能说明一切。先前的内眷，或是由贾母介绍或是互相厮认，只有王熙凤，贾母见之则笑，开口便谑，以“凤辣子”称之。这种口吻与别个不同，可见贾母对王熙凤的偏爱。贾府人物众多，真能承欢膝下，会讨老祖宗欢心的却只有王熙凤一人。别人不敢说的话，王熙凤敢说；别人不会说的话，王熙凤会说，而且句句搔到痒处，让人身心舒泰，王熙凤的这身本领令人难以企及。

如果说只讨好贾母一人，不计其余，还见不出王熙凤的厉害，人越多，关系越复杂，越能见出她八面玲珑、游刃有余。王熙凤先是携黛玉之手，上下细细打量了一回，又送回贾母身边，颇有兄嫂风范，一“携”一“送”，关切中带着疼爱。王熙凤开口便赞：“天下真有这样标致的人物，我今儿才算见了！”，“真有”，即意味着“没有”，身在贾府的王熙凤什么人物没见过，却说黛玉的美貌超出了她的经验范畴，这份赞美实在到了无以复加的地步。这话黛玉理应感到受用，以常理推之，心里微微泛酸的该是旁边的三春，哪个女子不爱听人夸奖美貌，无论对方真心或是假意。但王熙凤是何等人物，“少说着只怕有一万心眼子，再要赌口齿，十个会说的男人也说不过他呢”。王熙凤运用峰回路转、柳暗花明之法，又道“况且这通身的气派，竟不像老祖宗的外孙女儿，竟是个嫡亲的孙女”，黛玉是标致不假，但通身气派不像林家的人，还是贾家遗风，言外之意，黛玉颇有贾母旧时神韵。嫡亲孙女是在座的三春，原来貌美如仙的黛玉和三春是同等的气派。王熙凤妙语，令人叹为观止。

听其言，品其行。王熙凤赞完黛玉后先哭又笑，转悲为喜，表情瞬间变了又变。悲是因为贾母唯一的女儿、黛玉的母亲去世，不能不掬一捧悲伤之泪。不过王熙凤对未曾谋面的姑母未必有更多的情感，只好用帕拭泪，不见泪珠，只见拭态。喜是因为贾母有令，“休提前话”，王熙凤“忙转悲为喜”，说自己一时牵挂妹妹忘了老祖宗。王熙凤的眼睛、嘴巴处处在黛玉身上，心思却只在贾母一人身上，这就是王熙凤“口是心非”的高明之处。

当然，王熙凤绝不仅是察言观色之辈，她的能力才干、胆识谋略等是难以道尽的，如冷了兴所说“模样又极标致，言谈又爽利，心机又极深细，竟是个男人不及万一的”，仅仅出场一段，王熙凤就有读不尽的千姿百态，更不消说她在整部《红楼梦》中的表演了。

读王熙凤如品川菜，入口麻辣，齿颊生香。

6. 王几何

⊙马及时

从小学跨进初中校园，一切都是新鲜的，特别是几何那门全新的功课。所以，我们初一上第一节几何课时，大家都睁圆了眼睛，认真而安静地坐在教室里，心中充满了好奇和渴望。

几何老师会是怎样一个人呢？

铃声一响，全班 42 双黑眼睛一齐望向教室门。须臾，一个方头大耳、矮胖结实的中年人夹着一本厚书和一个大圆规、一个大三角板挤进门，眨眼工夫就站到了讲台上。

胖人能走这么快？全班同学大吃一惊，教室里更安静了，静得只听见周围深沉的呼吸。

可是，一分钟过去了，那矮胖老师一句话不说，像一尊笑面佛一样，只是站在讲台上哑笑。眉梢、眼角、鼻孔、嘴巴、耳朵，可以说，他脸上的每一个器官、每一条皱纹，甚至每一根头发都在微笑！

矮胖老师足足又哑笑了两分钟。

太神奇了，他该不是聋哑学校的老师吧？全班同学再也忍不住了，大家弯腰，摇头，挤眉，弄眼，一齐哄堂大笑！

矮胖老师依然不说一句话，但却渐渐收起了笑容，用黑板刷轻轻敲击着讲台上的课桌，待全班同学安静下来，他突然面向课堂，反手在背后的黑板上徒手画了一个篮球大的圆，紧接着，又反手画了一个等边三角形。

那生动地站在黑板上的圆和等边三角形又标准，又好看，于是全班同学都呆呆地想：用圆规和三角板画，恐怕也不过如此吧？

矮胖老师站在讲台上，双目含笑，右嘴角微微斜翘，胖脸上一副得意扬扬的表情。待全班 42 双黑眼睛，惊讶得每一双都放大半厘米后，他突然转过身去，面向黑板，挥手写下了排球大的三个字：王玉琳。

“这就是我的大名！”他说，声音出奇的洪亮。

全班男女同学被他那金属般的声音镇住了，大气也不敢出，一个个睁大双眼，屏息静听。

“上几届的同学，承蒙他们的特别关爱，私下里给本老师取了个绰号——”矮胖老师缓缓转过身去，挥手在黑板上优雅地又写了三个大字：王几何。

真是太幽默了，全班男生、女生哄堂大笑。

王老师却毫不理会满教室的笑声，继续用他那金属般的声音说：“这就是那些老同学给我取的绰号。天哪，本人太喜欢这美妙的绰号了！可惜，从来没有一位同学当面喊我‘王几何’……”

老师在黑板上公布自己的绰号，并且希望大家以绰号相称，在那些做什么事都严肃认真、呆板教条的年代，这样的稀奇事不是太离谱了吗？但少年时代总是充满了叛逆，越离谱的事大家越喜欢，于是全班同学兴趣高涨，一个个洗耳恭听，这矮胖幽默的绰号叫“王几何”的老师到底还要说些什么有趣的话。

矮胖老师继续用黑板刷轻敲课桌，以镇压教室里的嘈杂声。“上几届有的同学说：‘王老师你画的那圆圈有啥了不起？我们也会画！’”

胖得像弥勒佛一般的王老师，站在讲台上眉开眼笑：“现在，我就请同学们一个个上台来，用不着反手，只是正面徒手画圆和三角形……”

简直要让人笑破了肚子，几何课竟变成了图画课！

如此喜剧的事大家岂肯放过？转眼间，只见男女同学轮番走上讲台。

可是，大家哪里是用粉笔在黑板上画圆和画三角形？笑得双手发抖的同学们，一个个变得笨手笨脚，画的全是鸡蛋、鸭蛋、苹果、梨和丑陋的三角架！

人人都笑得满脸泪水，喉咙发肿。

几十年后，我依然可以对天发誓：这是我这辈子笑得最得意忘形、最舒畅、最厉害的一次。

几何老师在同学们快乐得泪流满面的大笑中结束了第一堂课。

王老师下课前的结束语是：“请注意，我并不是要大家死板地学我画圆、画三角形。我教了 20 多年中学几何，是一个一辈子热爱几何教学的教书匠，我反手画圆，只是向大家说明一个简单朴素的道理——只要功夫深，铁杵磨成针！我要大家牢记的是一种热爱知识和持之以恒的学习精神……”

奇怪的是，王老师说这番话时，竟第一次严肃得面无一丝笑容，一时间满教室鸦雀无声。

同学们对王老师第一堂课的评价只有两个字：痛快！

这堂课的喜剧效果让42个中学生一辈子铭记在心，让42个少年永远记住他们的中学时代：有一位业务水平极高、人人都盼望他上课的幽默风趣的老师，他的名字叫作王玉琳，绰号叫作王几何。

王玉琳是父亲马仁海的毛根儿朋友[①]。

《论语》成语集萃（处世篇四）

过犹不及

【释义】做过了头，就跟做得不够一样，都是不好的。

【出处】子贡问：“师与商也孰贤？”子曰：“师也过，商也不及。”曰：“然则师愈与？”子曰：“过犹不及。”

——《论语·先进》

欲速则不达

【释义】过于性急求快，反而不能达到目的。

【出处】子曰：“无欲速，无见小利。欲速则不达，见小利则大事不成。” ——《论语·子路》

① 毛根儿朋友：四川方言，指从童年起一直到成人以后的好朋友。

7. 老　锣

⊙刘　斌

“出太阳喽！”老锣立在田埂上号了一嗓子，草垛上叽叽喳喳的麻雀被吓得扑棱棱抖动翅膀，齐刷刷飞向远方的旷野。

我用力推开木门，冷风像吐着芯子的毒蛇，凶猛地钻进我的领口，让我浑身一紧。屋檐下的冰溜子倏地射下来，直直地插在厚厚的积雪中，像一群芭蕾舞蹈者踮脚站在北风的掌声中。

“嗬！好家伙！”老锣一铲子把地面上的冰砸得粉碎，喘着粗气说，“这些尽是硬气家伙，得铲走！”说罢便弯下腰呼哧呼哧地铲我家门前的积雪，再用力把它们甩到墙边，不一会儿就堆起了一座小山。“大锣叔，喝口水歇下吧！”我捧着一碗热茶递过去。老锣跺了跺脚上的烂泥，耸耸冻得通红的鼻子，双手搭在铁锹上，瞅瞅街坊邻居门口被他铲起的小雪山。阳光洒在他黑黝黝的脸上，给他镀上了一层金光。

老锣本姓罗，因年轻的时候跟着戏班子有模有样地敲了几年锣，加上扯得一副嘹亮的大嗓门，所以大家都乐得叫他老锣。

老锣耐得住吃得差穿得烂，耐得住在烈日下劳作，就是耐不住寂寞。每逢村里有红白喜事，在厅堂忙里忙外或披着丧衣吹着唢呐，摇摇摆摆走在最前头的一定是老锣。老锣撸起袖子抢着干主家的重活，劈柴挑水，搬重物，活儿干起来毫不马虎！而且，老锣帮忙从不计报酬。主家往往得好说歹说才能留得下老锣吃饭。有时主家客人多，到了饭点，老锣便拿粗糙的大手拍拍灰布裤子，转身就走，脚底抹油似的，凭谁也喊不回来！

我们这一带的孩子都怕老锣，不是因为他凶，而是他长着一副让人胆战心惊的相貌。他粗眉糙眼的，浓黑的胡子杂乱地占领了他那大长脸的半壁江山，高高大大的身子上永远裹着粘满泥浆和菜汁的旧布衫，整个人活脱脱就是戏台上凶神恶煞的李逵。此外，还有他那“震天撼地”的大嗓门，经常震得我们头皮发麻。

但我娘很喜欢老锣。她坚信着老锣勤劳善良的人品，就像坚信着撒满菜籽的田里一定会长出碧绿的蔬菜。我上小学一年级的时候，爹进城务工，一年半载才回来一次。那年秋天，看着那几亩金灿灿的稻田，娘的忧愁远远多于喜悦——幼儿弱母的，该割到啥时候啊！偷食的麻雀赶走了，又来了，娘的头发都白了好些根。那天，我和娘钻在稻田里，像勇往直前的贪吃蛇，奋力啃食着稻秆。忽然田埂上传来了老锣响亮的嗓音：“大刘嫂，要帮忙嘿？”娘觉得过意不去，便委婉推托，不料老锣竟发起脾气来：“大刘嫂，这就是你的不对了，你跟我见外没关系，可不能累坏你和娃的身体啊！”娘又客气了一番，终是欣喜地接受了。膀大腰圆的老锣着实是割稻的好手，只听唰唰的声响，一片片稻子整齐地倒入老锣的怀里。娘的脸上，终于露出了久违的笑容。

以后，每当海一般的稻田翻滚着金色的波浪，娘就像想起救星一样冲我喊：“斌子，喊你大锣叔去！”每次，我都是在娘的再三威逼利诱下才磨磨蹭蹭地挪到老锣家。我既怕老锣，又怕去他家——为了省电，不到万不得已老锣从来不开电灯，他黑漆漆的屋子格外吓人。

十岁生日那天，我和老锣发生了第一次正面冲突。为了庆祝我的生日，爹在家里摆了好几桌酒席。忽然，噼里啪啦的鞭炮声中传来了前来道贺的老锣的尖嗓子。爹赶紧迎上去，紧紧攥着老锣树蔸般的大手，把他拉到上座。二两酒灌下去，爹的脸红了，他忽然把我从人堆里扯出来，拉到老锣面前，冲我喊：“斌子，喊干爹！”嘈杂的人群中起哄声、叫喊声不断。老锣先是一脸惊愕，随之向我投来眼巴巴的表情，双眼里充满渴望。

“不要！”我使劲移开脸，不想看到那张可怕的脸。爹气得眉毛直拧，张开巴掌就要掴我。也不知道哪里来的勇气，我拼尽全力地挣扎，大喊道：“不要！我不要认坏蛋做干爹！”周围响起了一片哄笑声。老锣的脸涨得通红，他连忙扯住爹的衣袖，劝道：“不打紧不打紧，别吓着孩子！”并把我死死地护在身后。

我是个不大合群的孩子。放学后，背着布包一个人走过长长的田埂，我的影子被夕阳拉得分外孤单。我经常碰到正在劳作的老锣，每次看到我，他都会停下手中的活，咧开皲裂的嘴唇笑嘻嘻地看着我。他有时扔给我一个香瓜，有时塞给我一把花生。东西下肚后，我的寂寞也消失了。我想，这就是我不愿走大路的根本原因吧。

初中时，要上晚自习。下了课，已经很晚了。那段回家的路我走得胆战心惊，特别是在没有月亮的晚上。可是后来，我经常在路上碰到老锣，有时他扛着一把铁锹护田回来，有时他扯开喉咙大唱“当初我立下了军令状，到如今恰好半载时光……”，有了老锣的陪伴，我不再害怕走夜路了。

读大学时，乡亲们都来给我送行。老锣破天荒地穿了一件红色夹衫，衬得那张爬满皱纹的老脸更加黝黑，别扭得可爱。车子开动时，老锣深陷的眼窝里溢出了浑浊的泪，花白的头发在风中飘荡……

8. 卖豆浆的孩子

⊙鲁先圣

在我居住的小区门口，有一个天天早晨卖豆浆的孩子，这个孩子有十一二岁的年纪。他在这个地方卖了多少天了，我不得而知。我只知道从我不久前搬到这里来住，每天早晨的六点多钟开始，这个小孩子就在小区门口吆喝他的鲜豆浆了。

最初发现这个卖豆浆的孩子，我以为是孩子的父母正巧这几天有什么事，让孩子代替几天罢了，也没有引起过多的注意。但是，时间一天一天地过去，门口吆喝鲜豆浆的却一直是这个孩子，一种好奇心驱使着我走出了家门，我实在想了解个究竟。

有时候买豆浆的人很多，只见他很用力地用那个很大的铁皮瓢一下一下地从那个大塑料桶里往外舀清水添加到豆浆机里，又很熟练地在豆浆机的出口用塑料袋接豆浆。五角钱一份，他很熟练地算账、找钱、舀豆浆，有条不紊。盛清水的塑料桶有一米多高，放在一辆三轮车上，因而当卖去一半多以后，再舀，他的臂膀就不够长了。这时候，他往往就将半个身子趴在桶边上。

我的心中有很多的疑问与不解，在当今这个时候，这么小的孩子，应该是早晨起不了床，被父母吆喝起来吃早点去上学了，而他却早早地在这里卖豆浆了。他一定有一个不同寻常的家庭，有着许多同龄孩子所没有的经历和背景。我总想找个机会与他攀谈，但看到他辛苦忙碌的样子，我虽然急于了解却又不忍心打扰他。

这一天，下了小雨，但是，孩子的吆喝声依然准时传来，我从家里走出来，发现他依然像往日一样站在小区的门口磨着豆浆。买豆浆的人很少，到我买的时候，我趁着没有人，就问他：你爸爸妈妈呢，怎么天天就你一个人？他回答说爸爸妈妈在另外两个地方卖。我又问，你卖了多长时间了？他说一年多了，从 10 岁开始就卖。看着面前这个孩子，我心里很不是滋味。10 岁，他就开始为生计而早起了。他不是短短的几天代替父母，而是承担了家庭中谋生计的一份责任，或者说，他从 10 岁开始就有了一种职业。

我问他，卖豆浆不影响学习吗，起这么早？他说没事，卖完了再去，在班里还是最早到的呢！孩子生得虎头虎脑，极壮健，很精神，两只眼睛明亮而有神，他已经没有了一个十一二岁孩子所有的那些稚嫩与娇气，而平添了一份成熟、几分老练、一些骨气，而且，我还看到了一种生的勇气与坚强。

当时小雨一直在下，他的头发和一件小背心都淋湿了，这个时候走过来一个领孩子去上学的女人。那孩子穿了一件夹衣，女人给孩子打着一把美丽的伞。那个孩子也是十一二岁的年纪。

站在两个孩子之间，我不由自主地摇了摇头，那个孩子现在是幸福的，但这个卖豆浆的孩子呢？我无言以对。后来，我听别人讲，这个孩子的父母都在一个工厂里上班，工厂停产放假了，就做起卖豆浆的生意。

每天见到这个卖豆浆的孩子，我的心里便有许多苦涩的东西在流淌。我想我不能够责怪孩子的父母让这样小的孩子就担负了生活的责任，或许这个孩子挣的这一份，就是他自己的生活费或学费。没有这一份收入，他就不能去读书了。

卖豆浆的孩子天天早上六点钟就在我居住小区的门口响亮地吆喝，这个声音成为我们居民生活中的一部分，或者起床买早点，去上班，喊孩子起床，或者去做生意。而我，也总是在听到这个清脆的声音之后，放下台上正在读的书或停下写作的思路，走出家门，吸纳新鲜空气，驱除一夜伏案的劳累。

我总这样想，这个孩子今天卖豆浆的经历，一定是他将来人生的一笔财富。

9. 爷爷二三事

⊙赵子泰

一顶陈旧的前进帽，一件朴素的呢大衣，一条发白的蓝色西裤，一双满是“皱纹”的皮鞋，爷爷似乎总是这样一身打扮，从来没有变过；脸上也总是一副淡然坚毅的神情，哪怕是面对棘手难题的时候……

有一次，我们全家爬香炉山。到了山顶，抬头看看近60°的陡坡，只有树根和泥土，两侧是四根摇摆的铁链，真让人望而却步。望着这个不太高的山坡，我很想去爬，却遇上爸爸意味深长的目光，我便意识到爸爸是顾及爷爷的年纪和身体。爸爸说：“上面的路太陡了，爸，咱们下山吧！”没想到79岁高龄的爷爷却是一脸淡然，波澜不惊：“这算什么？想当年我当兵时走的路比这还陡还长，你们遇到这点困难就退缩了？来，跟着我一起爬。”说罢，一手抓住铁链，一脚迈上，我兴高采烈地和爷爷一起爬，他稳健的身手，真令人叹服！望着那个勇往直前的身影，我不禁心生感叹，也许，这对于爷爷来说真的不算是什么困难吧！

爷爷经历过战争时期，受过不少苦，挨饿受冻是常事，养成了节俭的习惯，什么都不舍得扔。有一次，家里买了三根红肠，剩下的两根放在冰箱里，等到想起时，肠衣已经有了斑点。爸爸把它们放进一个袋子里，系好，放在门口。第二天，袋子不见了，我和爸爸不约而同地看向爷爷，正见他咬着剥去皮的那截红肠，脸上满是孩子气的笑容，一副心意顺遂的样子。他抬头看见我们无奈的表情，又急忙剥下些红肠外皮，大口咬下一截“肉身”，腮帮子鼓鼓的，一双眼睛紧盯着我们，生怕我们把红肠抢走扔掉似的。但谁又能说些什么呢？毕竟他老人家也不是第一次做这样的事情了，节俭已渗透到爷爷的骨子里了，我们的劝阻只是无用功罢了。

爷爷的床边总放着一本《毛泽东诗词》。闲暇时，他总是捧着这本书聚精会神地读着，沉醉其中。读完后，他双眼微微眯着，心神早已漫游在往昔那迢迢革命征途中，一腔热血在沸腾，扛起钢枪，冲锋陷阵，保家卫国……有一天，全家去菊花正茂的亭园赏花，亭中的碑文是用草书写的诗。我们都凑过来看，猜那些字是什么。只见爷爷双手叉腰，流畅地读了出来，在场的人惊叹不已。爷爷说：“来，给我在这里拍张照片。”在我印象中，爷爷只拍过几张全家福，但在这里留下了一张宝贵的照片。

照片里，那碑文在骄阳下熠熠生辉，阳光照在爷爷身上，还是那件老旧的衣服，依然是那坚毅淡然的神情……融入骨血中的不怕艰难险阻的意志、忠贞不屈的信仰、对革命事业的崇敬使爷爷在和平年代仍默默坚守着信念。

那个衣着朴素却光辉依旧的形象，在我的眼中是这世上最美的风景……

（学生习作）

整本书阅读

朝花夕拾

⊙鲁　迅

阅读导航

“童年”与“青春”，似乎永远纯净、美好。你的记忆里一定有许多这一时期独有的画面吧？也许是一瞥所得，也许是偶尔听到的声响，也许是那时那地的想法，却永久地驻留在你的记忆里，等待你回望、追溯、怀念和思考。

鲁迅的《朝花夕拾》记述了他从少年到青年的生活片段，从中可以窥见作者生活的影子。这本书总体的氛围亲切、自然、和谐，就像与我们聊天一般。书中不仅有那时山川风物的描绘，更有世态人情的刻画，像色彩鲜明、浓淡相宜的风俗画和世态画。

《朝花夕拾》为我们留下了一幅幅可感的生活画面，塑造了许多生动的人物形象，表达了作者对世态的讽刺，赋予平凡生活更深刻的内涵和意义。透过这扇窗，你可以看到鲁迅生活的时代，看到他在平凡生活中思考的哲理。

阅读《朝花夕拾》，会让人想到自己的童年生活。鲁迅的“百草园”你可曾有过？长妈妈的淳朴你可曾感受过？你的老师是否也像藤野先生一样亲切呢？你的生活又是什么样子的呢？你可以用自己的话告诉我们吗？这些回忆的文字会变成另外一种力量，让你遇见曾经的自己。

其实每个人书写的生活总是带有自己生存的背景的。我们真实地袒露自己的欢乐与痛苦，就是在与生活、读者和自我对话，经典也正是因为这样贴近生活，又不同于生活本身，它的表达与审视才更加深刻。

我们一起来试着读一读吧，走进经典，来看一看那些文字背后的世界和人们。

精彩选篇

狗·猫·鼠

从去年起，仿佛听得有人说我是仇猫的。那根据自然是在我的那一篇《兔和猫》；这是自画招供，当然无话可说，——但倒也毫不介意。一到今年，我可很有点担心了。我是常不免于弄弄笔墨的，写了下来，印了出去，对于有些人似乎总是搔着痒处的时候少，碰着痛处的时候多。万一不谨，甚而至于得罪了名人或名教授，或者更甚而至于得罪了“负有指导青年责任的前辈”之流，可就危险已极。为什么呢？因为这些大角色是“不好惹”的。怎地“不好惹”呢？就是怕要浑身发热之后，做一封信登在报纸上，广告道：“看哪！狗不是仇猫的么？鲁迅先生却自己承认是仇猫的，而他还说要打‘落水狗’！”这“逻辑”的奥义，即在用我的话，来证明我倒是狗，于是而凡有言说，全都根本推翻，即使我说二二得四，三三见九，也没有一字不错。这些既然都错，则绅士口头的二二得七，三三见千等等，自然就不错了。

我于是就间或留心着查考它们成仇的“动机”。这也并非敢妄学现下的学者以动机来褒贬作品的那些时髦，不过想给自己预先洗刷洗刷。据我想，这在动物心理学家，是用不着费什么力气的，可惜我没有这学问。后来，在覃哈特博士（Dr. O. Dähnhardt）的《自然史底国民童话》里，总算发见了那原因了。据说，是这么一回事：动物们因为要商议要事，开了一个会议，鸟、鱼、兽都齐集了，单是缺了象。大家议定，派伙计去迎接它，拈到了当这差使的阄的就是狗。“我怎么找到那象呢？我没有见过它，也和它不认识。”它问。“那容易，”大众说，“它是驼背的 。”狗去了，遇见一匹猫，立刻弓起脊梁来，它便招待，同行，将弓着脊梁的猫介绍给大家道：“象在这里！”但是大家都嗤笑它了。从此以后，狗和猫便成了仇家。

日耳曼人走出森林虽然还不很久，学术文艺却已经很可观，便是书籍的装潢，玩具的工致，也无不令人心爱。独有这一篇童话却实在不漂亮；结怨也结得没有意思。猫的弓起脊梁，并不是希图冒充，故意摆架子的，其咎却在狗的自己没眼力。然而原因也总可以算作一个原因。我的仇猫，是和这大大两样的。

其实人禽之辨，本不必这样严。在动物界，虽然并不如古人所幻想的那样舒适自由，可是噜苏[1]做作的事总比人间少。它们适性任情，对就对，错就错，不说一句分辩话。虫蛆也许是

① 噜苏：啰唆。

不干净的，但它们并没有自命清高；鸷禽猛兽以较弱的动物为饵，不妨说是凶残的罢，但它们从来就没有竖过“公理”“正义”的旗子，使牺牲者直到被吃的时候为止，还是一味佩服赞叹它们。人呢，能直立了，自然是一大进步；能说话了，自然又是一大进步；能写字作文了，自然又是一大进步。然而也就堕落，因为那时也开始了说空话。说空话尚无不可，甚至于连自己也不知道说着违心之论，则对于只能嗥叫的动物，实在免不得“颜厚有忸怩[1]”。假使真有一位一视同仁的造物主，高高在上，那么，对于人类的这些小聪明，也许倒以为多事，正如我们在万生园里，看见猴子翻筋斗，母象请安，虽然往往破颜一笑，但同时也觉得不舒服，甚至于感到悲哀，以为这些多余的聪明，倒不如没有的好罢。然而，既经为人，便也只好“党同伐异”，学着人们的说话，随俗来谈一谈，——辩一辩了。

现在说起我仇猫的原因来，自己觉得是理由充足，而且光明正大的。一，它的性情就和别的猛兽不同，凡捕食雀、鼠，总不肯一口咬死，它要尽情玩弄，放走，又捉住，捉住，又放走，直待自己玩厌了，这才吃下去，颇与人们的幸灾乐祸，慢慢地折磨弱者的坏脾气相同。二，它不是和狮虎同族的么？可是有这么一副媚态！但这也许是限于天分之故罢，假使它的身材比现在大十倍，那就真不知道它所取的是怎么一种态度……

---

① 颜厚有忸怩：出自《尚书》，意思是颜面感到惭愧。

再一回忆，我的仇猫却远在能够说出这些理由之前，也许是还在十岁上下的时候了。至今还分明记得，那原因是极其简单的：只因为它吃老鼠，——吃了我饲养着的可爱的小小的隐鼠。

听说西洋是不很喜欢黑猫的，不知道可确；但 Edgar Allan Poe[①] 的小说里的黑猫，却实在有点骇人。日本的猫善于成精，传说中的“猫婆”，那食人的惨酷确是更可怕。中国古时候虽然曾有“猫鬼”，近来却很少听到猫的兴妖作怪，似乎古法已经失传，老实起来了。只是我在童年，总觉得它有点妖气，没有什么好感。那是一个我的幼时的夏夜，我躺在一株大桂树下的小板桌上乘凉，祖母摇着芭蕉扇坐在桌旁，给我猜谜，讲故事。忽然，桂树上沙沙地有趾爪的爬搔声，一对闪闪的眼睛在暗中随声而下，使我吃惊，也将祖母讲着的话打断，另讲猫的故事了——

“你知道么？猫是老虎的先生。”她说，“小孩子怎么会知道呢，猫是老虎的师父。老虎本来是什么也不会的，就投到猫的门下来。猫就教给它扑的方法，捉的方法，吃的方法，像自己的捉老鼠一样。这些教完了；老虎想，本领都学到了，谁也比不过它了，只有老师的猫还比自己强，要是杀掉猫，自己便是最强的角色了。它打定主意，就上前去扑猫，猫是早知道它的来意的，一跳，便上了树，老虎却只能眼睁睁地在树下蹲着。它还没有将一切本领传授完，还没有教给它上树。”

① Edgar Allan Poe：埃德加·爱伦·坡（1809—1849），19 世纪美国诗人、小说家和文艺评论家。

这是侥幸的，我想，幸而老虎很性急，否则从桂树上就会爬下一匹老虎来。然而究竟很怕人，我要进屋子里睡觉去了。夜色更加黯然；桂叶瑟瑟地作响，微风也吹动了，想来草席定已微凉，躺着也不至于烦得翻来复去①了。

几百年的老屋中的豆油灯的微光下，是老鼠跳梁的世界，飘忽地走着，吱吱地叫着，那态度往往比“名人名教授”还轩昂。猫是饲养着的，然而吃饭不管事。祖母她们虽然常恨鼠子们啮破了箱柜，偷吃了东西，我却以为这也算不得什么大罪，也和我不相干，况且这类坏事大概是大个子的老鼠做的，决不能诬陷到我所爱的小鼠身上去。这类小鼠大抵在地上走动，只有拇指那么大，也不很畏惧人，我们那里叫它“隐鼠”，与专住在屋上的伟大者是两种。我的床前就贴着两张花纸，一是“八戒招赘”，满纸长嘴大耳，我以为不甚雅观；别的一张“老鼠成亲”却可爱，自新郎、新妇以至傧相、宾客、执事，没有一个不是尖腮细腿，像煞读书人的，但穿的都是红衫绿裤。我想，能举办这样大仪式的，一定只有我所喜欢的那些隐鼠。那时的想看“老鼠成亲”的仪式，却极其神往，即使像海昌蒋氏似的连拜三夜，怕也未必会看得心烦。正月十四的夜，是我不肯轻易便睡，等候它们的仪仗从床下出来的夜。然而仍然只看见几个光着身子的隐鼠在地面游行，不像正在办着喜事。直

①翻来复去：现在写作“翻来覆去”。

到我熬不住了，怏怏睡去，一睁眼却已经天明，到了灯节了。也许鼠族的婚仪，不但不分请帖，来收罗贺礼，虽是真的“观礼”，也绝对不欢迎的罢，我想，这是它们向来的习惯，无法抗议的。

老鼠的大敌其实并不是猫。春后，你听到它“咋！咋咋咋咋！”地叫着，大家称为“老鼠数铜钱”的，便知道它的可怕的屠伯已经光降了。这声音是表现绝望的惊恐的，虽然遇见猫，还不至于这样叫。猫自然也可怕，但老鼠只要窜进一个小洞去，它也就奈何不得，逃命的机会还很多。独有那可怕的屠伯——蛇，身体是细长的，圆径和鼠子差不多，凡鼠子能到的地方，它也能到，追逐的时间也格外长，而且万难幸免，当“数钱”的时候，大概是已经没有第二步办法的了。

有一回，我就听得一间空屋里有着这种“数钱”的声音，推门进去，一条蛇伏在横梁上，看地上，躺着一匹隐鼠，口角流血，但两胁还是一起一落的。取来给躺在一个纸盒子里，大半天，竟醒过来了，渐渐地能够饮食，行走，到第二日，似乎就复了原，但是不逃走。放在地上，也时时跑到人面前来，而且缘腿而上，一直爬到膝髁。给放在饭桌上，便捡吃些菜渣，舔舔碗沿；放在我的书桌上，则从容地游行，看见砚台便舔吃了研着的墨汁。这使我非常惊喜了。我听父亲说过的，中国有一种墨猴，只有拇指一般大，全身的毛是漆黑而且发亮的。它睡在笔筒里，一听到磨墨，便跳出来，等着，等到人写完字，套上笔，就舔尽了砚上的余墨，仍旧跳进笔筒里去了。我就极愿意有这样的一个墨猴，可是得不到；问那里有，那里买的呢，谁也不知道。“慰情聊胜无”，这隐鼠总可以算是我的墨猴了罢，虽然它舔吃墨汁，并不一定肯等到我写完字。

现在已经记不分明，这样地大约有一两月；有一天，我忽然感到寂寞了，真所谓“若有所失”。我的隐鼠，是常在眼前游行的，或桌上，或地上。而这一日却大半天没有见，大家吃午饭了，也不见它走出来，平时，是一定出现的。我再等着，再等它一半天，然而仍然没有见。

长妈妈，一个一向带领着我的女工，也许是以为我等得太苦了罢，轻轻地来告诉我一句话。这即刻使我愤怒而且悲哀，决心和猫们为敌。她说：隐鼠是昨天晚上被猫吃去了！

当我失掉了所爱的，心中有着空虚时，我要充填以报仇的恶念！

我的报仇，就从家里饲养着的一匹花猫起手，逐渐推广，至于凡所遇见的诸猫。最先不过是追赶，袭击；后来却愈加巧妙了，能飞石击中它们的头，或诱入空屋里面，打得它垂头丧气。这作战继续得颇长久，此后似乎猫都不来近我了。但对于它们纵使怎样战胜，大约也算不得一个英雄；况且中国毕生和猫打仗的人也未必多，所以一切韬略、战绩，还是全都省略了罢。

但许多天之后，也许是已经经过了大半年，我竟偶然得到一个意外的消息：那隐鼠其实并非被猫所害，倒是它缘着长妈妈的腿要爬上去，被她一脚踏死了。

这确是先前所没有料想到的。现在我已经记不清当时是怎样一个感想，但和猫的感情却终于没有融和；到了北京，还因为它伤害了兔的儿女们，便旧隙夹新嫌，使出更辣的辣手。“仇猫”的话柄，也从此传扬开来。然而在现在，这些早已是过去的事了，我已经改变态度，对猫颇为客气，倘其万不得已，则赶走而已，决不打伤它们，更何况杀害。这是我近几年的进步。经验既多，一旦大悟，知道猫的偷鱼肉、拖小鸡、深夜大叫，人们自然十之九是憎恶的，而这憎恶是在猫身上。假如我出而为人们驱除这憎恶，打伤或杀害了它，它便立刻变为可怜，那憎恶倒移在我身上了。所以，目下的办法，是凡遇猫们捣乱，至于有人讨厌时，我便站出去，在门口大声叱曰：“嘘！滚！”小小平静，即回书房，这样，就长保着御侮保家的资格。其实这方法，中国的官兵就常在实做的，他们总不肯扫清土匪或扑灭敌人，因为这么一来，就要不被重视，甚至于因失其用处而被裁汰。我想，如果能将这方法推广应用，我大概也总可望成为所谓“指导青年”的“前辈”的罢，但现下也还未决心实践，正在研究而且推敲。

一九二六年二月二十一日

父亲的病

大约十多年前罢，S 城中曾经盛传过一个名医的故事：

他出诊原来是一元四角，特拔十元，深夜加倍，出城又加倍。

有一夜，一家城外人家的闺女生急病，来请他了，因为他其时已经阔得不耐烦，便非一百元不去。他们只得都依他。待去时，却只是草草地一看，说道“不要紧的”，开一张方，拿了一百元就走。那病家似乎很有钱，第二天又来请了。他一到门，只见主人笑面承迎，道：“昨晚服了先生的药，好得多了，所以再请你来复诊一回。”仍旧引到房里，老妈子便将病人的手拉出帐外来。他一按，冷冰冰的，也没有脉，于是点点头道，“唔，这病我明白了。”从从容容走到桌前，取了药方纸，提笔写道：

“凭票付英洋壹百元正。”下面是署名，画押。

“先生，这病看来很不轻了，用药怕还得重一点罢。”主人在背后说。

“可以。”他说。于是另开了一张方：

“凭票付英洋贰百元正。”下面仍是署名，画押。

这样，主人就收了药方，很客气地送他出来了。

我曾经和这名医周旋过两整年，因为他隔日一回，来诊我的父亲的病。那时虽然已经很有名，但还不至于阔得这样不耐烦，可是诊金却已经是一元四角。现在的都市上，诊金一次十元并不算奇，可是那时的一元四角已是巨款，很不容易张罗的了，又何况是隔日一次。他大概的确有些特别，据舆论说，用药就与众不同。我不知道药品，所觉得的，就是“药引”的难得，新方一换，就得忙一大场。先买药，再寻药引。生姜两片，竹叶十片去尖，他是不用的了。起码是芦根，须到河边去掘；

一到经霜三年的甘蔗，便至少也得搜寻两三天。可是说也奇怪，大约后来总没有购求不到的。

据舆论说，神妙就在这地方。先前有一个病人，百药无效；待到遇见了什么叶天士先生，只在旧方上加了一味药引：梧桐叶。只一服，便霍然而愈了。“医者，意也。”其时是秋天，而梧桐先知秋气。其先百药不投，今以秋气动之，以气感气，所以……。我虽然并不了然，但也十分佩服，知道凡有灵药，一定是很不容易得到的，求仙的人，甚至于还要拼了性命，跑进深山里去采呢。

这样有两年，渐渐地熟识，几乎是朋友了。父亲的水肿是逐日厉害，将要不能起床；我对于经霜三年的甘蔗之流也逐渐失了信仰，采办药引似乎再没有先前一般踊跃了。正在这时候，他有一天来诊，问过病状，便极其诚恳地说：“我所有的学问，都用尽了。这里还有一位陈莲河先生，本领比我高。我荐他来看一看，我可以写一封信。可是，病是不要紧的，不过经他的手，可以格外好得快……。”

这一天似乎大家都有些不欢，仍然由我恭敬地送他上轿。进来时，看见父亲的脸色很异样，和大家谈论，大意是说自己的病大概没有希望的了。他因为看了两年，毫无效验，脸又太熟了，未免有些难以为情，所以等到危急时候，便荐一个生手自代，和自己完全脱了干系。但另外有什么法子呢？本城的名医，除他之外，实在也只有一个陈莲河了。明天就请陈莲河。

陈莲河的诊金也是一元四角。但前回的名医的脸是圆而胖的，他却长而胖了：这一点颇不同。还有用药也不同，前回的名医是一个人还可以办的，这一回却是一个人有些办不妥帖了，因为他一张药方上，总兼有一种特别的丸散和一种奇特的药引。

芦根和经霜三年的甘蔗，他就从来没有用过。最平常的是"蟋蟀一对"，旁注小字道："要原配，即本在一窠中者。"似乎昆虫也要贞节，续弦或再醮，连做药资格也丧失了。但这差使在我并不为难，走进百草园，十对也容易得，将它们用线一缚，活活地掷入沸汤中完事。然而还有"平地木十株"呢，这可谁也不知道是什么东西了，问药店，问乡下人，问卖草药的，问老年人，问读书人，问木匠，都只是摇摇头，临末才记起了那远房的叔祖，爱种一点花木的老人，跑去一问，他果然知道，是生在山中树下的一种小树，能结红子如小珊瑚珠的，普通都称为"老弗大"。

"踏破铁鞋无觅处，得来全不费功夫。"药引寻到了，然而还有一种特别的丸药：败鼓皮丸。这"败鼓皮丸"就是用打破的旧鼓皮做成；水肿一名鼓胀，一用打破的鼓皮自然就可以克伏他。清朝的刚毅因为憎恨"洋鬼子"，预备打他们，练了些兵称作"虎神营"，取虎能食羊，神能伏鬼的意思，也就是这道理。可惜这一种神药，全城中只有一家出售的，离我家就有五里，但这却不像平地木那样，必须暗中摸索了，陈莲河先生开方之后，就恳切详细地给我们说明。

“我有一种丹，”有一回陈莲河先生说，“点在舌上，我想一定可以见效。因为舌乃心之灵苗……。价钱也并不贵，只要两块钱一盒……。”

我父亲沉思了一会儿，摇摇头。

“我这样用药还会不大见效，”有一回陈莲河先生又说，“我想，可以请人看一看，可有什么冤愆……。医能医病，不能医命，对不对？自然，这也许是前世的事……。”

我的父亲沉思了一会儿，摇摇头。

凡国手，都能够起死回生的，我们走过医生的门前，常可以看见这样的匾额。现在是让步一点了，连医生自己也说道：“西医长于外科，中医长于内科。”但是S城那时不但没有西医，并且谁也还没有想到天下有所谓西医，因此无论什么，都只能由轩辕岐伯的嫡派门徒包办。轩辕时候是巫医不分的，所以直到现在，他的门徒就还见鬼，而且觉得“舌乃心之灵苗”。这就是中国人的“命”，连名医也无从医治的。

不肯用灵丹点在舌头上，又想不出“冤愆”来，自然，单吃了一百多天的“败鼓皮丸”有什么用呢？依然打不破水肿，父亲终于躺在床上喘气了。还请一回陈莲河先生，这回是特拔，大洋十元。他仍旧泰然地开了一张方，但已停止败鼓皮丸不用，药引也不很神妙了，所以只消半天，药就煎好，灌下去，却从口角上回了出来。

从此我便不再和陈莲河先生周旋，只在街上有时看见他坐在三名轿夫的快轿里飞一般抬过；听说他现在还康健，一面行医，一面还做中医什么学报，正在和只长于外科的西医奋斗哩。

中西的思想确乎有一点不同。听说中国的孝子们，一到将要“罪孽深重祸延父母”的时候，就买几斤人参，煎汤灌下去，希望父母多喘几天气，即使半天也好。我的一位教医学的先生却教给我医生的职务道：可医的应该给他医治，不可医的应该给他死得没有痛苦。——但这先生自然是西医。

父亲的喘气颇长久，连我也听得很吃力，然而谁也不能帮助他。我有时竟至于电光一闪似的想道：“还是快一点喘完了罢……。”立刻觉得这思想就不该，就是犯了罪；但同时又觉得这思想实在是正当的，我很爱我的父亲。便是现在，也还是这样想。

早晨，住在一门里的衍太太进来了。她是一个精通礼节的妇人，说我们不应该空等着。于是给他换衣服；又将纸锭和一种什么《高王经》烧成灰，用纸包了给他捏在拳头里……。

“叫呀，你父亲要断气了。快叫呀！”衍太太说。

“父亲！父亲！”我就叫起来。

“大声！他听不见。还不快叫？！”

“父亲！！！父亲！！！”

他已经平静下去的脸，忽然紧张了，将眼微微一睁，仿佛有一些苦痛。

“叫呀！快叫呀！”她催促说。

“父亲！！！”

“什么呢？……不要嚷。……不……。”他低低地说，又较急地喘着气，好一会儿，这才复了原状，平静下去了。

“父亲！！！”我还叫他，一直到他咽了气。

我现在还听到那时的自己的这声音，每听到时，就觉得这却是我对于父亲的最大的错处。

一九二六年十月七日

琐 记

衍太太现在是早已经做了祖母，也许竟做了曾祖母了；那时却还年轻，只有一个儿子比我大三四岁。她对自己的儿子虽然狠，对别家的孩子却好的，无论闹出什么乱子来，也决不去告诉各人的父母，因此我们就最愿意在她家里或她家的四近玩。

举一个例说罢，冬天，水缸里结了薄冰的时候，我们大清早起一看见，便吃冰。有一回给沈四太太看到了，大声说道：“莫吃呀，要肚子疼的呢！”这声音又给我母亲听到了，跑出来我们都挨了一顿骂，并且有大半天不准玩。我们推论祸首，认定是沈四太太，于是提起她就不用尊称了，给她另外起了一个绰号，叫作“肚子疼”。

衍太太却决不如此。假如她看见我们吃冰，一定和蔼地笑着说，“好，再吃一块。我记着，看谁吃的多。”

但我对于她也有不满足的地方。一回是我已经十多岁了，和几个孩子比赛打旋子，看谁旋得多。她就从旁计着数，说道，“好，八十二个了！再旋一个，八十三！好，八十四！……”但正在旋着的阿祥，忽然跌倒了，阿祥的婶母也恰恰走进来。她便接着说道，“你看，不是跌了么？不听我的话。我叫你不要旋，不要旋……。”

虽然如此，孩子们总还喜欢到她那里去。假如头上碰得肿了一大块的时候，去寻母亲去罢，好的是骂一通，再给擦一点药；坏的是没有药擦，还添几个栗凿和一通骂。衍太太却决不埋怨，立刻给你用烧酒调了水粉，搽在疙瘩上，说这不但止痛，将来还没有瘢痕。

父亲故去之后，我也还常到她家里去，不过已不是和孩子们玩耍了，却是和衍太太或她的男人谈闲天。我其实觉得很有许多东西要买，看的和吃的，只是没有钱。有一天谈到这里，她便说道：“母亲的钱，你拿来用就是了，还不就是你的么？”我说母亲没有钱，她就说可以拿首饰去变卖；我说没有首饰，她却道，“也许你没有留心。到大厨的抽屉里，角角落落去寻去，总可以寻出一点珠子这类东西……。”

这些话我听去似乎很异样，便又不到她那里去了，但有时又真想去打开大厨，细细地寻一寻。大约此后不到一月，就听到一种流言，说我已经偷了家里的东西去变卖了，这实在使我觉得有如掉在冷水里。流言的来源，我是明白的，倘是现在，只要有地方发表，我总要骂出流言家的狐狸尾巴来，但那时太年青，一遇流言，便连自己也仿佛觉得真是犯了罪，怕遇见人们的眼睛，怕受到母亲的爱抚。

好。那么，走罢！

但是，那里去呢？S城人的脸早经看熟，如此而已，连心肝也似乎有些了然。总得寻别一类人们去，去寻为S城人所诟病的人们，无论其为畜生或魔鬼。那时为全城所笑骂的是一个开得不久的学校，叫作中西学堂，汉文之外，又教些洋文和算学。然而已经成为众矢之的了；熟读圣贤书的秀才们，还集了“四书”的句子，做一篇八股来嘲诮它，这名文便即传遍了全城，人人当作有趣的话柄。我只记得那“起讲”的开头是：

徐子以告夷子曰：吾闻用夏变夷者，未闻变于夷者也。今也不然：鴃舌之音，闻其声，皆雅言也。……

以后可忘却了，大概也和现今的国粹保存大家的议论差不多。但我对于这中西学堂，却也不满足，因为那里面只教汉文、算学、英文和法文。功课较为别致的，还有杭州的求是书院，然而学费贵。

无须学费的学校在南京，自然只好往南京去。第一个进去的学校，目下不知道称为什么了，辛亥革命以后，似乎有一时称为雷电学堂，很像《封神榜》上“太极阵”“混元阵”一类的名目。总之，一进仪凤门，便可以看见它那二十丈高的桅杆和不知多高的烟囱。功课也简单，一星期中，几乎四整天是英文：“It is a cat.”“Is it a rat？”一整天是读汉文：“君子曰，颖考叔可谓纯孝也已矣，爱其母，施及庄公。”一整天是做汉文：《知己知彼百战百胜论》《颖考叔论》《云从龙风从虎论》《咬得菜根则百事可做论》。

初进去当然只能做三班生，卧室里是一桌一凳一床，床板只有两块。头二班学生就不同了，二桌二凳或三凳一床，床板多至三块。不但上讲堂时挟着一堆厚而且大的洋书，气昂昂地走着，决非只有一本“泼赖妈”和四本《左传》的三班生所敢正视；便是空着手，也一定将肘弯撑开，像一只螃蟹，低一班的在后面总不能走出他之前。这一种螃蟹式的名公巨卿，现在都阔别得很久了，前四五年，竟在教育部的破脚躺椅上，发见了这姿势，然而这位老爷却并非雷电学堂出身的，可见螃蟹态度，在中国也颇普遍。

可爱的是桅杆。因为它高，乌鸦喜鹊，都只能停在它的半途的木盘上。人如果爬到顶，便可以近看狮子山，远眺莫愁湖，——但究竟是否真可以眺得那么远，我现在可委实有点记不清楚了。而且不危险，下面张着网，即使跌下来，也不过如一条小鱼落在网子里；况且自从张网以后，听说也还没有人曾经跌下来。

原先还有一个池，给学生学游泳的，这里面却淹死了两个年幼的学生。当我进去时，早填平了，不但填平，上面还造了一所小小的关帝庙。庙旁是一座焚化字纸的砖炉，炉口上方横写着四个大字道：“敬惜字纸”。只可惜那两个淹死鬼失了池子，难讨替代，总在左近徘徊，虽然已有“伏魔大帝关圣帝君”镇压着。办学的人大概是好心肠的，所以每年七月十五，总请一群和尚到雨天操场来放焰口，一个红鼻而胖的大和尚戴上毗卢帽，捏诀，念咒：“回资啰，普弥耶吽，唵耶吽！唵！耶！吽！！！”

我的前辈同学被关圣帝君镇压了一整年，就只在这时候得到一点好处，——虽然我并不深知是怎样的好处。所以当这些时，我每每想：做学生总得自己小心些。

总觉得不大合适，可是无法形容出这不合适来。现在是发见了大致相近的字眼了，“乌烟瘴气”，庶几乎其可也。只得走开。近来是单是走开也就不容易，“正人君子”者流会说你骂人骂到了聘书，或者是发“名士”脾气，给你几句正经的俏皮话。不过那时还不打紧，学生所得的津贴，第一年不过二两银子，最初三个月的试习期内是零用五百文。于是毫无问题，去考矿路学堂去了，也许是矿路学堂，已经有些记不真，文凭又不在手头，更无从查考。试验并不难，录取的。

这回不是It is a cat了，是Dar Mann，Das Weib，Das Kind。汉文仍旧是“颍考叔可谓纯孝也已矣”，但外加《小学集注》。论文题目也小有不同，譬如《工欲善其事必先利其器论》，是先前没有做过的。

此外还有所谓格致、地学、金石学……都非常新鲜。但是还得声明：后两项，就是现在之所谓地质学和矿物学，并非讲舆地和钟鼎碑版的。只是画铁轨横断面图却有些麻烦，平行线尤其讨厌。但第二年的总办是一个新党，他坐在马车上的时候大抵看着《时务报》，考汉文也自己出题目，和教员出的很不同。有一次是《华盛顿论》，汉文教员反而惴惴地来问我们道：“华盛顿是什么东西呀？……”

看新书的风气便流行起来，我也知道了中国有一部书叫《天演论》。星期日跑到城南去买了来，白纸石印的一厚本，价五百文正。翻开一看，是写得很好的字，开首便道：

> 赫胥黎独处一室之中，在英伦之南，背山而面野，槛外诸境，历历如在机下。乃悬想二千年前，当罗马大将恺撒未到时，此间有何景物？计惟有天造草昧……

哦，原来世界上竟还有一个赫胥黎坐在书房里那么想，而且想得那么新鲜？一口气读下去，“物竞”“天择”也出来了，苏格拉底、柏拉图也出来了，斯多葛也出来了。学堂里又设立了一个阅报处，《时务报》不待言，还有《译学汇编》，那书面上的张廉卿一流的四个字，就蓝得很可爱。

“你这孩子有点不对了，拿这篇文章去看去，抄下来去看去。”一位本家的老辈严肃地对我说，而且递过一张报纸来。接来看时，“臣许应骙跪奏……”，那文章现在是一句也不记得了，总之是参康有为变法的，也不记得可曾抄了没有。

仍然自己不觉得有什么“不对”，一有闲空，就照例地吃侉饼、花生米、辣椒，看《天演论》。

但我们也曾经有过一个很不平安的时期。那是第二年，听说学校就要裁撤了。这也无怪，这学堂的设立，原是因为两江总督(大约是刘坤一罢)听到青龙山的煤矿出息好,所以开手的。待到开学时，煤矿那面却已将原先的技师辞退，换了一个不甚了然的人了。理由是：一、先前的技师薪水太贵；二、他们觉得开煤矿并不难。于是不到一年，就连煤在那里也不甚了然起来，终于是所得的煤，只能供烧那两架抽水机之用，就是抽了水掘煤，掘出煤来抽水，结一笔出入两清的账。既然开矿无利，矿路学堂自然也就无须乎开了，但是不知怎的，却又并不裁撤。到第三年我们下矿洞去看的时候，情形实在颇凄凉，抽水机当然还在转动，矿洞里积水却有半尺深，上面也点滴而下，几个矿工便在这里面鬼一般工作着。

毕业，自然大家都盼望的，但一到毕业，却又有些爽然若失。爬了几次桅，不消说不配做半个水兵；听了几年讲，下了几回矿洞，就能掘出金、银、铜、铁、锡来么？实在连自己也茫无把握，没有做《工欲善其事必先利其器论》的那么容易。爬上天空二十丈和钻下地面二十丈，结果还是一无所能，学问是“上穷碧落下黄泉，两处茫茫皆不见”了。所余的还只有一条路：到外国去。

留学的事，官僚也许可了，派定五名到日本去。其中的一个因为祖母哭得死去活来，不去了，只剩了四个。日本是同中国很两样的，我们应该如何准备呢？有一个前辈同学在，比我们早一年毕业，曾经游历过日本，应该知道些情形。跑去请教之后，他郑重地说：

“日本的袜是万不能穿的，要多带些中国袜。我看纸票也不好，你们带去的钱不如都换了他们的现银。”

四个人都说遵命。别人不知其详，我是将钱都在上海换了日本的银圆，还带了十双中国袜——白袜。

后来呢？后来，要穿制服和皮鞋，中国袜完全无用；一元的银圆日本早已废置不用了，又赔钱换了半元的银圆和纸票。

一九二六年十月八日

阅读规划

同学们，宋朝的苏轼曾介绍过一种读书的方法叫作“八面受敌”：

少年为学者，每一书，皆作数过尽之。书富如入海，百货皆有之，人之精力，不能兼收尽取，但得其所欲求者耳。故愿学者每次作一意求之，如欲求古人兴亡治乱圣贤作用，但作此意求之，勿生余念。又别作一次求事迹故实典章文物之类，亦如之。他皆仿此。此虽迂钝，而他日学成，八面受敌，与涉猎者不可同日而语也。

我们阅读《朝花夕拾》时，不妨借用这种方法，逐步分层阅读。请用两三周的时间通读《朝花夕拾》的十篇文章，完成以下表格：

《朝花夕拾》读书卡

阅读时间	阅读时长	阅读篇目	提要摘记	阅读心印 （可从文章主题、人物、语言等方面写出你的收获）

交流平台

任务一：鲁迅笔下的哪些世态人情引起了你的关注？请写一篇小短文，和同学们交流一下。

提示：1. 注意人物活动以及人物之间的关系。

2. 注意分析细节，看看鲁迅的生活和我们现在的生活有哪些不同。

任务二：鲁迅是如何呈现自己的成长过程的？你对鲁迅的成长过程有哪些感悟与思考？写一篇读后感。

提示：阅读整本书后，梳理书中鲁迅从故乡到南京、日本，再到回国的经历和心路历程。

敬启

为编好这本书，我们与收入本书的作品（含图片）作者进行了广泛联系，得到了各位作者的大力支持。在此，我们表示衷心的感谢。但是，由于个别作者地址不详，虽经多方努力，仍无法取得联系。敬请各位有著作权的作者尽快与我们联系，以便我们支付稿酬，并致谢忱！

我们还要感谢使用本书的师生们。希望你们在使用本书的过程中，能够及时把意见和建议反馈给我们，对此，我们深表谢意，并将给予一定奖励。让我们携起手来，共同完成本书的建设工作。

联 系 人：梁老师　张老师

联系电话：010-58022100

联系邮箱：ztxx2008@sina.com

网　　址：http://www.ywztxx.com

地　　址：北京市海淀区知春路7号致真大厦A座18层

图书在版编目（CIP）数据

百味人生 / 刘颖异主编. — 上海 : 上海教育出版社, 2021.6

ISBN 978-7-5720-0815-3

Ⅰ. ①百… Ⅱ. ①刘… Ⅲ. ①阅读课—初中—教学参考资料 Ⅳ. ①G634.333

中国版本图书馆CIP数据核字（2021）第142047号

责任编辑　朱剑茂　顾　翊
封面设计　陈丽娟　王艺霖
著作权人　北京华樾教育科技有限公司

百味人生

刘颖异　主编

出版发行　上海教育出版社有限公司
官　　网　www.seph.com.cn
地　　址　上海市永福路 123 号
邮　　编　200031
印　　刷　阳谷毕升印务有限公司
开　　本　720×1010　1/16　印张 66
字　　数　900千字
版　　次　2021年8月第1版
印　　次　2021年8月第1次印刷
书　　号　ISBN 978-7-5720-0815-3/G・0631
定　　价　268.00元

如发现质量问题，请向本社调换　　电话 021-64377165